Markus Alexander

You'll never walk alone - Die Geschichte des FC Liverpool von Anfängen bis zum Jahr 2020

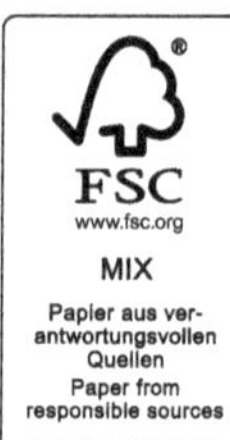

ISBN 978-3-945342-53-4

Markus Alexander

You'll never walk alone - Die Geschichte des FC Liverpool von den Anfängen bis zum Jahr 2020

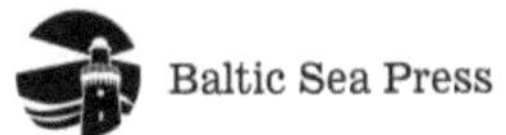

Inhaltsverzeichnis

VORSPIEL

Die Geschichte des englischen Fußballs reicht bis ins dunkle Mittelalter zurück. Es ist bekannt, dass im Jahre 1314 – also vor über 700 Jahren – der Londoner Bürgermeister Nicholas de Farndone das Fußballspielen mit einem Verbot belegte. Verstöße gegen dieses Verbot konnten mit Gefängnis bestraft werden.

Fußballspiele waren damals ziemlich heftige Raufereien und kaum mit dem heutigen Mannschaftssport zu vergleichen. Kein Wunder, dass gottesfürchtige Männer wie der Londoner Bürgermeister ein wachsames Auge auf den Fußball hatten.

Fußball war damals fast eine Form von Krieg zwischen Dörfern. Die Zahl der Spieler war eigentlich unbegrenzt (bis zu 1000!!!), je nachdem wie viele Männer im Dorf lebten. Mit fast allen Mitteln versuchten die „Spieler“, den Ball in das gegnerische Stadttor zu befördern. Das Spielfeld lag oft zwischen einigen Kilometern voneinander entfernten Siedlungen.

In ganz England wurde im späten Mittelalter Fußball gespielt. Weil damit oft viel Krawall verbunden war, hatte die Obrigkeit aber immer einen kritischen Blick auf die Spiele. So weiß man, dass Fußball 1608 in Manchester verboten wurde, weil bei einem Spiel Scheiben zu Bruch gegangen waren.

Auch die Kirche sah die Spiele nicht gerne, weil sie generell Unterhaltung ablehnte. Sie konnte durchsetzen, dass an Sonntagen nicht gespielt werden durfte – ein Verbot, dass ca. 300 Jahre Bestand hatte. Also wurde an Wochentagen gespielt, besonders gerne an Feiertagen.

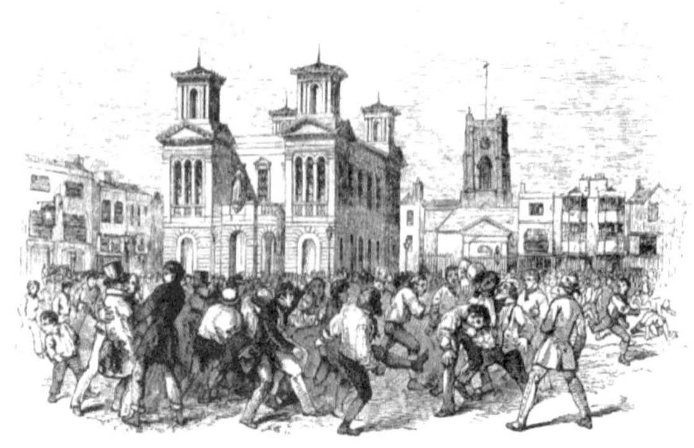

Fußballspiel in London 1846

Langsam entwickelte sich Fußball zu einer Mannschaftssportart. Ihm wurde eine gesundheitsfördernde Wirkung zu geschrieben. Man sah ein, dass man nach bestimmten Regeln spielen musste, kontrolliert durch einen Schiedsrichter. Auch an Universitäten wurde gespielt, was allerdings auch kritisch gesehen wurde, da vielen Studenten das Spielen wichtiger war als das Lernen.

Auch an den Privatschulen für zahlungskräftige Familien wurde Fußball immer populärer und nahm im 19. Jahrhundert einen enormen Aufschwung. Vorreiter war die Rugby School (um 1800). Anfangs gab es kaum Spiele der Schulen gegeneinander, da noch keine landesweit einheitlichen Regeln existierten. So war es zum Beispiel erlaubt, den Ball in die Hand zu nehmen (aber nicht zu tragen). Mannschaften hatten noch deutlich mehr als die heute üblichen 11 Spieler. An den Privatschulen fing man nun aber auch an, feste Regeln für Fußballspiele aufzuschreiben.

Noch gab es aber keine Fußballklubs. Den Anfang machte der Sheffield Cricket Club. Im Winter 1855/56 hielten sich die Spieler mit Fußball fit. 1857 entstand daraus der erste englische Fußballklub, der Sheffield Football Club. Es war der erste Fußballverein der Welt überhaupt.

Am 26. Dezember 1860 fand dann das erste Spiel zwischen zwei Teams statt: der Sheffield Football Club traf auf den Hallam F.C. (der heute in der 10. englischen Liga spielt). 1863 wurde in London die Football Association gegründet, also der englische Fußballverband. Elf Vereine bildeten die Gründungsmitglieder, wenig später trat auch Sheffield bei.

Die Spielregeln wurden immer einheitlicher. Dinge wie Ballgröße, Abseits, Freistoß und Eckball wurden geregelt, die Zahl der Spieler auf dem Feld auf 11 für jeden Verein begrenzt. Halbzeitpausen und Platzverweise kamen bald hinzu. Handspiel war nur noch dem Torwart erlaubt. Nicht jedem Verein passten die neuen Regeln, und so entstand 1871 die Rugby Football Union. Ab 1891 leitete ein Schiedsrichter auf dem Feld das Spiel, ihm zur Seite standen zwei Linienrichter.

1872 gab es zum ersten Mal ein „Länderspiel", als England und Schottland aufeinandertrafen. 1878 fand das erste Spiel unter Flutlicht statt. Die Vereine entwickelten sich schnell zu Profiklubs. Vorreiter waren hier die Blackburn Rovers, die den FA Cup zwischen 1884 und 1886 dreimal in Folge gewannen.

1888 gab es dann endlich eine Liga mit regelmäßig stattfindenden Heim- und Auswärtsspielen, bei denen Punkte für Sieg oder Unentschieden verliehen wurden. Zwölf Klubs spielten am Anfang in dieser Liga: Accrington, Aston Villa, Blackburn Rovers, Bolton Wanderers, Burnley, Derby County, Everton, Notts County, Preston North End, Stoke F.C., West Bromwich Albion und die Wolverhampton Wanderers.

Erster Meister wurde Preston North End – ungeschlagen während der ganzen Saison, was ihnen den Spitznamen „Die Unbesiegbaren" einbrachte. Auch den FA Cup gewann der Klub im gleichen Jahr.

DER FC LIVERPOOL WIRD GEBOREN

Der FC Liverpool gehörte nicht zu den Gründungsmitgliedern der englischen Liga. Trotzdem war die Stadt Liverpool vertreten, nämlich durch den FC Everton, der bis heute konstant zum englischen Spitzenfußball zu zählen ist. Der Verein wurde 1878 gegründet und spielte seit 1884 im Anfield, dem Stadion im gleichnamigen Liverpooler Stadtteil.

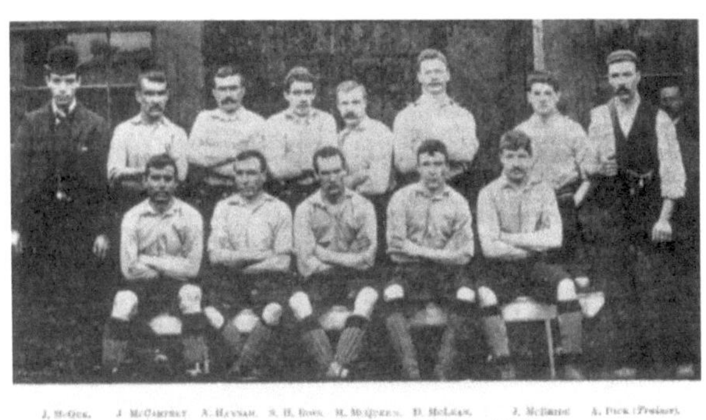

Das Liverpooler Team der Saison 1892/93

Das Stadion gehörte dem Vereinschef John Houlding. Er kassierte von seinem Klub eine Miete für die

Spielstätte, aber irgendwann wurden die Forderungen dem Vorstand des Vereins zu hoch. Es wurde entschieden, für den FC Everton ein neues Stadion zu finden (Goodison Park). Houlding blieb mit seinem leeren Stadion zurück und fasste den Entschluss, einen neuen Verein zu gründen, um wieder einen Mieter für seine Immobilie zu haben.

Den neuen Verein hätte Houlding am liebsten wie den alten benannt: FC Everton. Das wollten die Liga-Bosse aber nicht, und so entstand der „Liverpool F.C.“. Gerne hätte Houlding seinen neuen Verein in der 1888 gegründeten First Division spielen gesehen. Auch das lehnten die Liga-Bosse ab, so dass der neu gegründete Verein sich in der 1889 etablierten Lancashire League anmeldete. In der bis 1903 bestehenden Lancashire League spielten nordenglische Vereine.

Liverpools erstes Spiel war ein Freundschaftsspiel gegen Rotherham Town, das Liverpool am 1. September 1892 mit 7:1 gewann. Das Team hatte damals den Spitznamen „The Macs“, eine Anspielung auf die schottischen Namen der Spieler, die Vereinsmanager John McKenna in Schottland rekrutiert hatte.

McKenna war gebürtiger Ire und in den 70er Jahren nach Liverpool gekommen, um Arbeit zu finden. Hier spielte er auch bald Rugby und lernte John Houlding kennen, als der noch den FC Everton anführte.

Nachdem Everton Anfield verlassen hatte, blieb McKenna bei Houlding und erwies sich schnell als wertvoller Scout. In Glasgow fand er jene Spieler, die in den ersten Jahren des FC Liverpool prägend für den aufsteigenden Verein wurden.

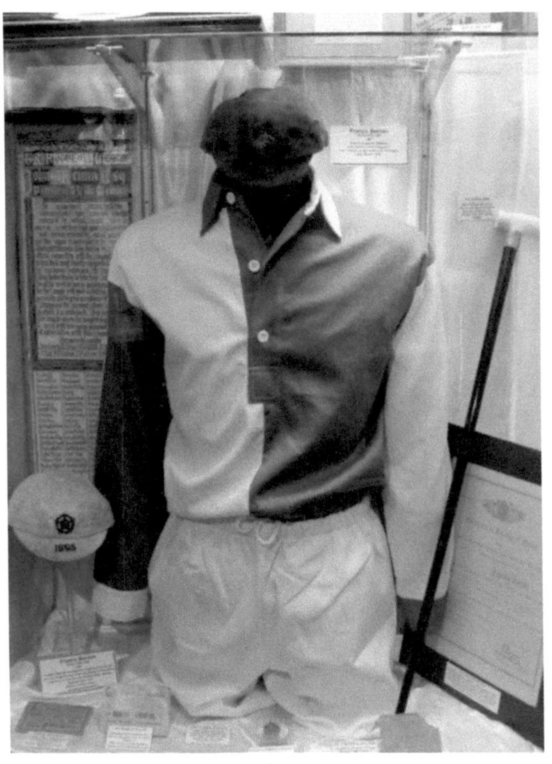

Liverpools Trikot in den Jahren 1892-96

Das erste von 22 Spielen in der Lancashire League entschied Liverpool mit einem 8:0 gegen den Gast Higher Walton für sich. Die Gäste erreichten das Spielfeld mit 45 Minuten Verspätung. Erster Torschütze für Liverpool war John Smith. Gerade einmal 200 Zuschauer wollten diesen ersten Sieg auf Anfield sehen, aber im Laufe der Saison wuchs diese Zahl stetig an. Schließlich hatte der Verein ja auch einige Erfolge vorzuweisen. Am Ende der Saison kamen schon 2000 Fans ins Stadion. Sie sahen Liverpools Spieler in blau-weiß-gestreiften Trikots und weißen Hosen, ab 1894 dann in den roten Trikots und weißen Hosen, was zu ihrem Markenzeichen wurde.

Dank des besseren Torverhältnisses gewann der FC Liverpool gleich in seiner ersten Saison den Titel in der Lancashire League. Mit dem Erfolg im Rücken bewarb sich Verein wieder für die Football League, diesmal mit Erfolg.

Am 2. September 1893 traf man im ersten Ligaspiel der Second Division auswärts auf Middlesbrough Ironopolis. Der Gegner hatte dreimal in Folge den Titel der Northern League errungen, musste sich aber schon 1894 wegen Geldsorgen auflösen. Liverpool gewann das Spiel mit 2:0. Malcolm McVean erzielte das erste Ligator für seinen Klub. Auf 89 Einsätze für Liverpool kam McVean in den kommenden Jahren, bevor er am Ende seiner Karriere nach Schottland zurückkehrte. Er starb mit 36 Jahren.

Schon die erste Saison in der neuen Liga war für Liverpool ein Erfolg. 28 Mal verließ man ungeschlagen den Platz, 22 Siege standen am Ende zu Buche. Liverpool stand an der Spitze der Tabelle, stieg aber nicht automatisch in die First Division auf, sondern musste in die Relegation.

Die erste Saison in der Top-Liga wurde dann ein ziemliches Desaster. Liverpool gewann nur sieben von dreißig Matches und wurde Letzter. In der Relegation verlor man gegen Bury 0:1, obwohl Bury nach einem Platzverweis gegen seinen Torhüter nur mit zehn Mann spielen konnte. Und so fand sich Liverpool abermals in der zweiten Liga wieder.

Fußball gewann in dieser Zeit schnell an Popularität, besonders bei einfachen Arbeitern. Große Stadien wurden gebaut. Auch Anfield wurde ausgebaut, so dass das Stadion 20.000 Fans aufnehmen konnte.

Die Fans erlebten den sofortigen Wiederaufstieg ihres Teams. 1897 kam Liverpool bis ins Halbfinale des FA Cups. Knapp verpasste man das Finale gegen den Lokalrivalen Everton.

Vereinsboss Houlding holte 1896 Tom Watson als Chefcoach. Watson blieb bis zu seinem Tod 1915 neunzehn Jahre in dieser Position – so lange wie niemand nach ihm. Er hatte mit Sunderland dreimal den Titel geholt und wurde nach seinem Wechsel nach Liverpool der bestbezahlte Coach der Liga.

Unter Watson festigte Liverpool seine Position in der First Division, erst mit einem fünften Platz, dann mit Platz 9. In der Saison 1898/99 war sogar der Titel in Reichweite. Im letzten Spiel der Saison hätte Aston Villa schon ein Unentschieden gegen Liverpool gereicht, aber am Ende siegten sie 5:0 und verwiesen Liverpool auf den zweiten Platz.

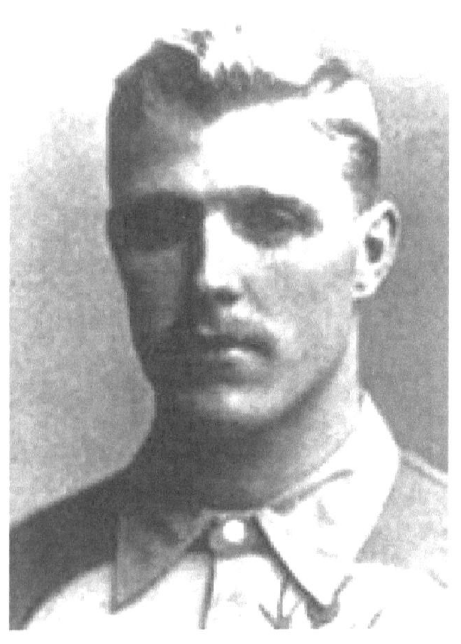

Alex Raisbeck

Die Fans von Liverpool musste bis 1901 warten, um die erste Meisterschaft ihres Teams feiern zu können. Bis Februar 1901 hatte Liverpool schon acht Spiele verloren, nichts deutete auf den Titel hin. Aber dann startete das Team eine Serie und gewann neun von zwölf Matches bei nur vier Gegentoren. Ein Sieg über West Bromwich Albion sicherte den Titel. 50.000 Liverpooler hießen das Team bei seiner Ankunft auf dem Liverpooler Bahnhof willkommen.

Liverpools Erfolg war eng mit zwei Namen verbunden: Alex Raisbeck und Sam Raybould. Raisbeck, der in seinem Leben 14 Kinder zeugte, kam 1898 als Zwanzigjähriger vom schottischen Hibernian F.C., fühlte sich wohl unter seinen zahlreichen schottischen Mitspielern und wurde schnell Kapitän der Liverpooler Mannschaft. Er gab der Abwehr Sicherheit und war Ausgangspunkt vieler Angriffe.

Raybould war Stürmer. Nachdem er für seinen Verein New Brighton in 13 Ligaspielen zehnmal getroffen hatte, verpflichtete ihn Houlding im Januar 1900. In der Saison 1902/03 stellte er mit 31 Toren in einer Saison einen First-Division-Rekord auf, der bis 1936 Bestand hatte, als Gordon Hodgson 36 Treffer erzielte. Raybould erzielte in den ersten 100 Spielen für Liverpool 67 Tore, ein Rekord, der erst im Jahr 2020 durch Mohamed Salah gebrochen wurde. 1907 verließ er Liverpool.

Raybould wurde 1903 für sieben Monate gesperrt, weil er Geld für einen möglichen Wechsel nach Portsmouth genommen hatte. Die Bezahlung der Profis war sowieso ein heikles Thema. Liverpool zahlte seinen Spielern relative hohe Gehälter, bis die Liga solche Zahlungen begrenzte. Man fand aber schnell eine Lösung: Die Spieler bekamen „Jobs" im Verein und wurden dann für diese bezahlt.

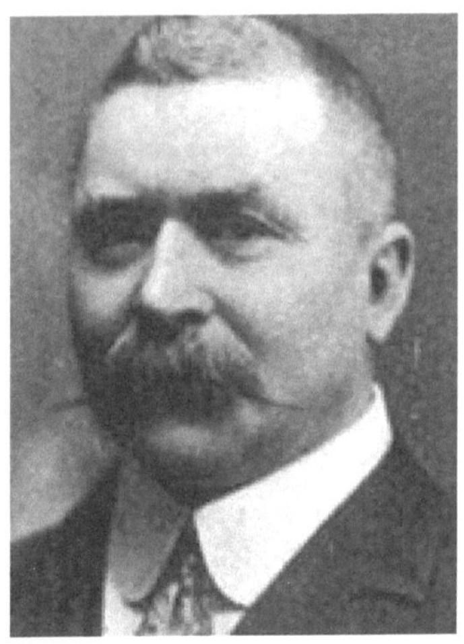

John McKenna

Vereinsgründer Houlding starb 1902. 1905 wurde John McKenna Vereinsboss. Am Ende der Saison 1903/04 stieg der FC Liverpool wieder in die Second

Division ab, kehrte jedoch bereits nach einem Jahr in die erste Liga zurück. Das Team holte dann sogar den Titel und war damit das erste Team, das nacheinander Second und First Division gewann.

Nach dem großen Erfolg versank Liverpools Mannschaft im Mittelmaß. In Raisbecks letzter Saison 1909/10 reichte es für einen zweiten Platz, aber das war ein einmaliger Ausreißer. 1914 kam Liverpool ins FA-Cup-Finale, das es aber 0:1 gegen Burnley verlor.

WELTKRIEG UND NACHKRIEGSZEIT: ERFOLG UND NIEDERGANG

1915 wurde der FC Liverpool von zwei Ereignissen erschüttert. Am 6. Mai starb der langjährige Teammanager Tom Watson an einer Lungenentzündung. Er hatte mit Sunderland und Liverpool zwei Vereine zur Meisterschaft geführt, was nach ihm nur drei anderen Trainern gelang: Herbert Chapman, Brian Clough und Kenny Dalglish.

Im gleichen Jahr waren Spieler des FC Liverpool in einen großen Wettskandal verwickelt. Die Mannschaft befand sich im Mittelfeld der Tabelle, jenseits von Gut und Böse. Der Erste Weltkrieg hatte begonnen, und es war klar, dass die baldige Unterbrechung des Ligabetriebs das Karriereende für viele Spieler bedeuten würde. Die Verlockung war also groß, ein bisschen Geld nebenher zu verdienen.

Manchester United benötigte einen Sieg, um die Relegation zu vermeiden. ManU gewann 2:0. Die Wettquoten für dieses Resultat standen bei 7:1. Untersuchungen durch die Liga ergaben, dass drei ManU-Spieler und vier Liverpool-Spieler hohe Summen auf dieses Ergebnis gesetzt hatten. Schon während des Spiels war die fehlende Motivation der Liverpooler aufgefallen. Das Team verschoss einen Elfmeter, und als Liverpools Fred Pagnam gegen Ende des Spiels die Latte traf, wurde er von einigen Teamkollegen heftig angegangen. Denn fast hätte er die Wette ruiniert.

Pagnam war in den Betrug eingeweiht gewesen, hatte sich aber geweigert, daran teilzunehmen. Er trat später als Kronzeuge gegen die anderen auf. Sieben Spieler wurden lebenslang gesperrt, es gab aber für die Vereine keine Konsequenzen wie etwa Punktabzug. Die Liga-Offiziellen glaubten nämlich, dass die Spieler Einzeltäter gewesen waren. Ein Spieler starb im Krieg, den anderen wurde mit einer Ausnahme die Sperre erlassen – in Anerkennung für ihren Kriegsdienst gegen Deutschland. Erst 1945 wurde die Sperre von Uniteds Enoch West aufgehoben, da war er schon 59 Jahre alt.

Ein Liverpooler Spieler kam nicht aus dem Krieg zurück: Wilfred Bartrop. Er starb am 7. November 1918 in Belgien. Nach dem Krieg wurde der Ligabe-trieb erst 1919/20 wieder aufgenommen.

Nachfolger des legendären Tom Watson als Team Manager wurde David Ashworth. Er war nach 1906 acht Jahre bei Oldham Athletic erfolgreich gewesen. Er führte Liverpool 1920 auf einen vierten Platz, acht Punkte hinter dem Meister Burnley. Gleich im Jahr darauf führte er sein Team zur dritten Meisterschaft. In der Saison 1922/23 konnte Liverpool an diesen Erfolg anknüpfen, allerdings verließ Ashworth den

Verein mitten in der Saison, um nach Oldham zurückzukehren und näher bei seiner Familie zu sein. Liverpool gewann nur eines der letzten sieben Saisonspiele, wurde aber trotzdem Meister. Oldham stieg ab.

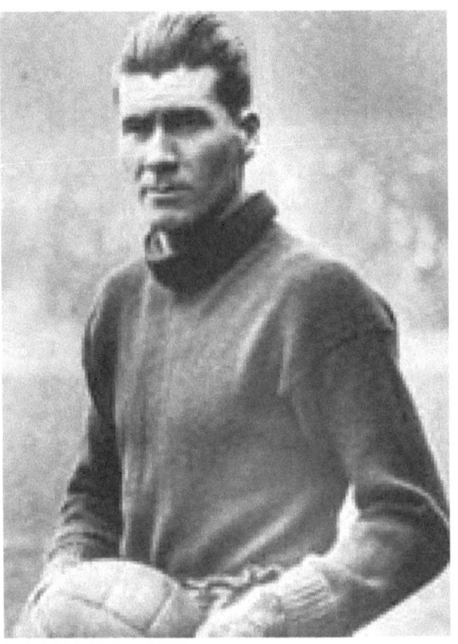

Elisha Scott - Liverpools Torhüter von 1912 bis 1934

Ashworths Nachfolger Matt McQueen sollte den Verein eigentlich nur kurzzeitig trainieren, durfte aber nach dem Titelgewinn länger bleiben.

Prägende Spieler dieser überaus erfolgreichen Jahre waren der Torwart Elisha Scott, Donald McKinley (Kapitän von 1922 bis 1928) und Harry Chambers.

Elisha Scott debütierte 1913 für Liverpool, 1920 hatte er sich als Nummer 1 etabliert. Als Torhüter war er der Rückhalt seines Teams bis 1934. Als er dann gegen Newcastle neun Tore kassierte, wurde er durch einen Jüngeren ersetzt. Er ist bis heute der Spieler, der am längsten für die Reds gespielt hat.

Der Linksfüßer Harry Chambers (Spitzname „Smiler") war 1915 noch von Tom Watson für Liverpool verpflichtet worden, musste aber wegen des Krieges vier Jahre auf seinen ersten Einsatz warten. In den zwanziger Jahren war er der unbestrittene Top-Scorer im Team. In 338 Spielen traf er bis 1928 151 Mal ins Netz.

Seit 1920 hatte Liverpool den größten „Football Stand" des Landes, 30.000 Fans hatten hier einen Stehplatz. Aber das Jahrzehnt ging für das Team nicht so gut weiter, wie es begonnen hatte. In der Saison 1923/24 konnten die Reds nicht an frühere Erfolge anknüpfen. Es reichte nur für einen 12. Platz. Der vierte Platz in der Saison darauf war das beste Ergebnis bis zum Zweiten Weltkrieg.

Teammanager McQueen trat 1928 zurück. Nach einem Unfall musste ihm ein Bein amputiert werden.

In den dreißiger Jahren war Liverpool im Mittelfeld oder am Ende der Tabelle zu finden. 1934 konnte der Abstieg nur knapp vermieden werden. Die besten Spieler verließen den Klub.

Wie schon zu Beginn des Ersten Weltkrieges konnte auch 1939 mit dem Beginn des Zweiten Weltkrieges der Spielbetrieb in den Profiligen nicht fortgeführt werden. Wieder etablierten sich kleinere regionale Ligen, und Liverpool gewann in der Saison 1942/43 die Football League North.

Wie schon 25 Jahre davor, mussten wieder Spieler des FC Liverpool in den Krieg ziehen. Zwei von ihnen wurden ausgezeichnet: Bill Jones bekam die Military Medal verliehen, nachdem er Kameraden unter feindlichem Beschuss gerettet hatte; Berry Nieuwenhuys erhielt die Tschechoslowakische Verdienstmedaille.

NACH DEM ZWEITEN WELTKRIEG: ABSTIEG IN DIE ZWEITKLASSIGKEIT

Sieben Jahre konnte in der First Division keine Saison gespielt werden. 1946 ging es wieder los. Vorher unter-nahm der FC Liverpool eine Tournee durch die USA und Kanada, absolvierte innerhalb von acht Wochen zehn Freundschaftsspiele und erzielte siebzig Tore. Die Tour durch Nordamerika hatte aber noch einen anderen Effekt: Während daheim in England Essen knapp und rationiert war, war die Lage in der Fremde so kurz nach dem Krieg deutlich besser. Die gute Versorgung machte die Liverpooler Spieler stark.

Wie schon nach dem Ersten Weltkrieg waren die Reds nach Kriegsende besonders erfolgreich. Zwar setzte es im ersten Spiel der Saison (gegen Middlesbrough) eine 0:1-Niederlage, aber das Team wurde vor allem in der Offensive immer stärker. Das Stürmerduo Jack Balmer und Albert Stubbins schoss den FC Liverpool mit 48 Toren zum ersten Mal seit 24 Jahren wieder an die Spitze der Liga. Vor dem letzten Spieltag war noch alles offen, Liverpool musste beim Spitzenreiter, den Wolverhampton Wanderers, unbedingt gewinnen und auf Patzer anderer Konkurrenten hoffen. Tatsächlich schafften die Reds das 2:1, und die Konkurrenz ließ Federn.

Zurück zu den Top-Scorern. Balmer erzielte drei Hattricks in drei Spielen hintereinander. Das gelang nie wieder einem Liverpool-Spieler. Fernando Torres – auch eine Nummer 9 – gelangen zumindest zwei Hattricks in zwei aufeinanderfolgenden Matches (2008). Balmer erzielte in seiner Karriere in 313 Spielen 111 Tore, es wären noch viel mehr gewesen, wenn nicht der Krieg dazwischengekommen wäre. 1952 beendete er seine aktive Karriere.

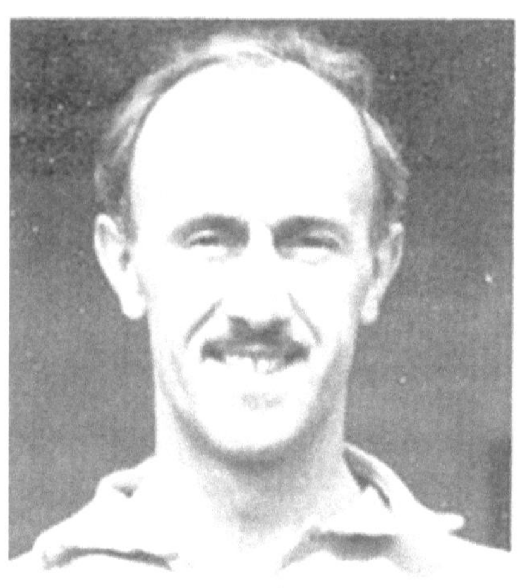

Jack Balmer

Albert Stubbins kam erst im Laufe der Meistersaison für eine Rekord-Ablöse von 12500 Pfund. Auch Lokalrivale Everton wollte ihn haben – Stubbins ließ einen Münzwurf entscheiden. Schon in seinem ersten Spiel traf er für die Reds, 23 weitere Tore folgten allein in dieser Saison – gleichauf mit seinem Sturmpartner Jack Balmer. Stubbins schaffte auch in der folgenden Saison 24 Ligatore, 1950 schoss er die Reds ins FA-Cup-Finale gegen Arsenal. Zum ersten Mal spielte Liverpool das Finale im Wembley-Stadion und verlor 0:2. Der erste FA-Cup-Gewinn ließ weiter auf sich warten.

Doch Stubbins konnte im Grunde an die Erfolge seiner ersten beiden Jahre bei den Reds nie mehr anknüpfen. Als er 1953 wegen Verletzungen seine Karriere beendete, hatte er 83 Tore in 178 Spielen erzielt. Stubbins war Jahre später auf dem Cover des Beatles-Albums „Sgt. Pepper's Lonely Hearts Club Band" abgebildet.

Das Erreichen des FA-Cup-Finals 1950 konnte über die anhaltenden Misserfolge Liverpools in der First Division nicht hinwegtäuschen. 1948 nur Elfter in der Liga, 1949 Zwölfter. Zum Jahreswechsel 1949/50 stand man zwar an der Spitze, nachdem man in den ersten 19 Spielen nicht verloren hatte. Doch am Ende wurden die Reds nur Achte.

Seit 1936 war George Kay Teammanager des FC Liverpool gewesen. Aber er war kein gesunder Mann, musste schließlich 1951 zurücktreten und starb 1954. Sein Nachfolger wurde Donald „Don“ Welsh.

Welsh hatte 1947 als Spieler mit Charlton den FA-Cup gewonnen. 36-jährig startete er 1947 seine Trainerkarriere in der 3. Liga bei Brighton. Dort hatte er keine großen Erfolge vorzuweisen, wurde aber trotzdem am 5. März 1951 Liverpools Team-Manager.

1954 führte Welsh Liverpool zum ersten Mal seit über 50 Jahren in die Relegation. Die Reds stiegen am gleichen Tag in die Second Division ab, wie der Lokalrivale Everton in die erste Liga aufstieg. Als 1956 der Wiederaufstieg knapp misslang, wurde Welsh als Team-Manager gefeuert. Er wurde auch danach kein erfolgreicher Coach.

Acht Jahre blieb Liverpool zweitklassig, die erste Saison beendete man auf Platz 11. Das 1:9 gegen Birmingham City war die höchste Niederlage in der langen Geschichte des FC Liverpool. Auf Don Welsh folgte Phil Taylor, der solche Stützen wie Jimmy Melia, Alan A'Court und die spätere Vereinslegende Ronnie Moran verpflichtete. Taylor war schon als Spieler für die Reds erfolgreich gewesen, auch als Teil des Meisterteams von 1947. Aber der Aufstieg in die First Division gelang Taylor nicht. Zu Beginn der Saison 1959/60 trat er zutiefst enttäuscht zurück.

Taylors Nachfolger Bill Shankly konnte aber auf der guten Vorarbeit aufbauen. Dies betraf nicht nur die Spieler, sondern auch seine Assistenten.

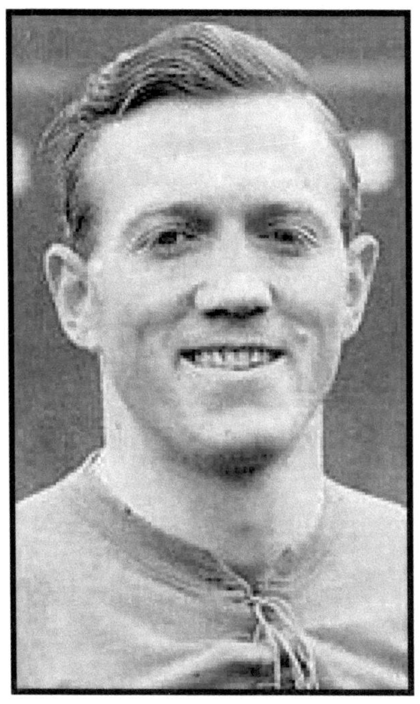

Albert Stubbins

DIE ÄRA BILL SHANKLY

Unter dem Schotten Bill Shankly begann für den FC Liverpool eine goldene Zeit mit vielen nationalen und internationalen Erfolgen. Mit seiner charismatischen Art schmiedete er eine Gemeinschaft, die auch die Fans eng an den Verein band. Shankly wurde so zu einer Legende.

Shankly wuchs in einem schottischen Dorf mit neun Geschwistern in ärmlichen Verhältnissen auf. Seine vier Brüder wurden ebenfalls Profifußballer. Nach der Schulzeit arbeitete Bill Shankly aber erst einmal in einer Kohlemine, die aber schon bald geschlossen wurde. Neben der Arbeit hatte er an seinen Qualitäten als Fußballer gearbeitet, und nach nur wenigen Monaten Arbeitslosigkeit verpflichtete ihn Carlisle United.

Bei Carlisle blieb Shankly nur eine Saison, den Rest seiner Karriere als Spieler war er bei Preston North End. 1938 gewann er dort den FA Cup. Bevor er im Dezember 1959 zum FC Liverpool kam, trainierte er Mannschaften wie Grimsby Town und Huddersfield Town.

Shankly krempelte das Team völlig um. Nachdem die Reds in der ersten Saison unter Shankly mit dem 3.

Platz den Aufstieg verpasst hatte, ließ der neue Coach sage und schreibe 24 Spieler ziehen. Bleiben durften zum Beispiel die späteren Legenden Ian Callaghan und Roger Hunt. Um den Aufstieg zu schaffen, musste Liverpool mehr Geld ausgeben und tat dies auch. So holte man Ian St John und Ron Yeats nach Liverpool. Mit ihnen wurde 1962 endlich der Aufstieg in die First Division geschafft.

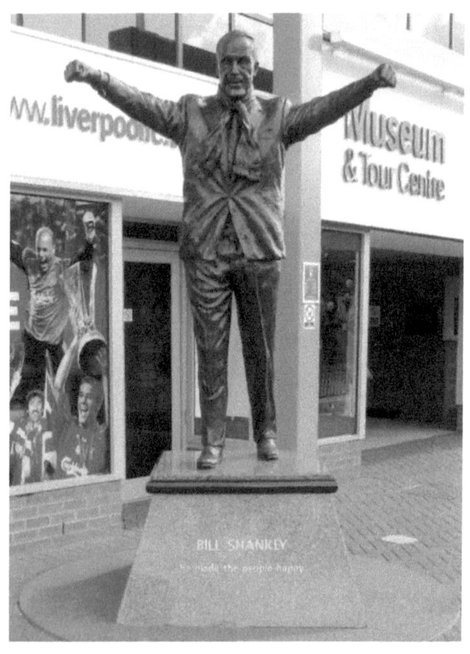

Bill-Shankly-Statue in Liverpool

Shankly legte als Coach mehr Wert auf Schnelligkeitstraining und Training am Ball. Mit Erfolg. Täglich diskutierte Shankly mit seinen Assistenten Taktik, Strategie, Trainingsmethoden und die Leistungen der Spieler.

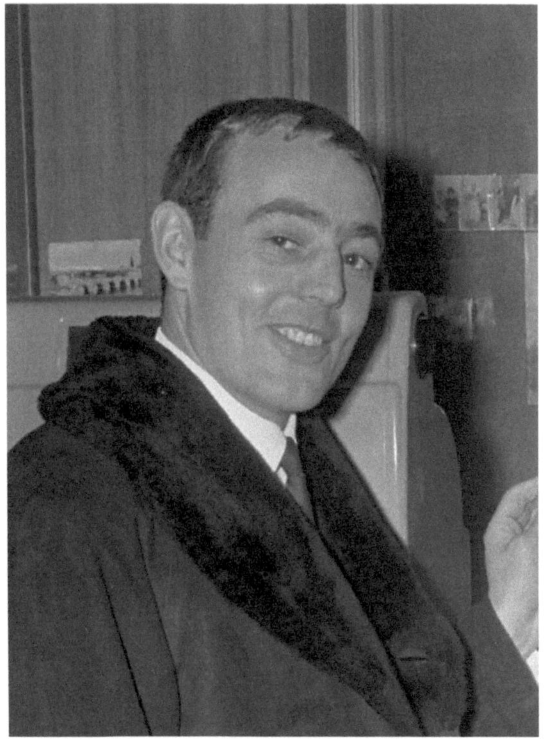

Ian St John

Die Reds fanden sich in der First Division schnell zurecht. Im März 1963 war man auf Platz 5 der Tabelle (nach einer Serie von 13 ungeschlagenen Spielen), nach der Niederlage gegen Leicester im FA-Cup-Halbfinale ging es aber mit der Form bergab, so dass am Ende der Saison nur ein achter Platz zu Buche stand.

Das Team entwickelte sich trotzdem gut, Shankly holte zur Saison 63/64 noch den flinken Linksaußen Peter Thompson. Thompson debütierte mit 17 für Preston, bald rissen sich die großen Klubs um den jungen Mann, darunter auch Juventus Turin. Shankly wurde im Februar 1962 auf Thompson aufmerksam, als Liverpool im FA Cup auf Preston traf und der schnelle Thompson das Ausscheiden der Reds besiegelte. Für 37.000 Pfund Ablöse holte er ihn nach Liverpool.

Thompson verpasste in seiner ersten Saison bei Liverpool kein Spiel und hatte großen Anteil am Gewinn der Meisterschaft 1964 mit vier Punkten Vorsprung. Den Saisonstart hatten die Reds noch verpatzt, holten nur neun Punkte aus neun Spielen. Spätestens seit dem 2:1 über den Lokalrivalen Everton (der erste Sieg seit 1950) hatte das Team aber einen Lauf und holte den Titel. Liverpool war zum sechsten Mal englischer Meister.

Mit dem Erfolg in England qualifizierte sich Liverpool zum ersten Mal auch für einen internationalen

Wettbewerb, nämlich für den seit 1955 ausgetragenen Europapokal der Landesmeister (heute die Champions League). In der Vorrunde war der isländische Klub KR Reykjavík überhaupt keine Hürde (5:0 und 6:1).

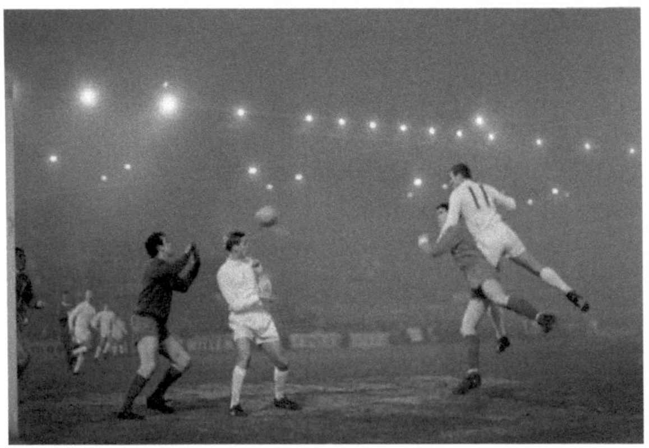

Liverpool verliert 1:5 gegen Ajax Amsterdam

In der nächsten Runde trafen die Reds auf den belgischen Klub RSC Anderlecht. Hier sahen die Liverpooler Fans ihr Team zum ersten Mal im roten Trikot und in roten Hosen spielen. Shankly wollte damit den Gegner einschüchtern und hatte mit dieser Taktik auch Erfolg.

Im Viertelfinale ging es gegen den 1. FC Köln. Im Hinspiel gab es ein 0:0. Das Rückspiel an der Anfield

Road wurde vom Schiri fünfzehn Minuten vor Anpfiff abgesagt, da der Platz wegen Schnees nicht bespielbar war. Das Stadion war zu diesem Zeitpunkt schon voll. Zwei Wochen später wurde das Spiel nachgeholt, es endete ebenfalls 0:0. Damals gab es in solchen Fällen noch ein Entscheidungsspiel an einem neutralen Ort. Liverpool hätte gern in Glasgow gespielt, aber die UEFA folgte dem Kölner Vorschlag, in Rotterdam zu spielen.

20.000 Kölner Fans sahen ein aufregendes Spiel. Kölns Wolfgang Weber brach sich das Wadenbein, musste aber auf dem Platz bleiben, da es damals noch keine Auswechslungen gab. Liverpools Kapitän Ron Yeats streckte in der 70. Minute Hannes Löhr, dem kurz zuvor der 2:2-Ausgleich gelungen war, mit einem Faustschlag nieder. Der Schiedsrichter reagierte darauf nicht.

Weil es damals noch kein Elfmeterschießen gab, musste schließlich ein Münzwurf entscheiden. Beim ersten Wurf blieb die Münze senkrecht im Morast stecken, neigte sich aber deutlich in die für Köln günstige Richtung. Yeats beeilte sich, eine Wiederholung des Wurfs zu fordern, was dann positiv für die Reds ausging. Liverpool hatte viel Glück, Bill Shankly musste zugeben, dass Köln das bessere Team gewesen war.

Im Halbfinale schied Liverpool dann gegen Inter Mailand aus. Mit dem 3:1 an der Anfield Road hatten die Reds eine gute Ausgangsposition für das Rückspiel. Inter gewann aber 3:0, wobei sich Liverpool durch krasse Fehlentscheidungen des Schiedsrichters benachteiligt sah. Liverpool konnte sich mit dem Gewinn des FA Cups (2:1 gegen Leeds United) trösten. Es war der erste Pokalgewinn in der Geschichte des Klubs. In der Liga lief es weniger gut, der Titel konnte nicht verteidigt werden (Platz 7).

Durch den Pokalgewinn konnte Liverpool in der Saison 1965/66 international im Europapokal der Pokalsieger antreten. Gleich in der ersten Runde warf man Juventus Turin aus dem Wettbewerb, später Standard Lüttich, Honvéd Budapest und Celtic Glashow. Im Finale wartete Borussia Dortmund.

Das Finale in Glasgow fand bei strömendem Regen statt. Das Stadion, in das eigentlich 100.000 Menschen passten, war nicht mal zur Hälfte gefüllt. Die Reds dominierten das Spiel lange, der BVB konterte. Die Entscheidung fiel in der 106. Minute, als Stan Libuda aus dreißig Metern Entfernung in hohem bogen über Liverpools Torwart hinweg die Querlatte traf; der Ball prallte gegen den Körper von Ron Yeats und von dort ins Tor. Shankly war tief enttäuscht von der Leistung seiner Mannschaft.

In der gleichen Saison gab es für die Reds ein frühes Aus im FA Cup (gegen Chelsea). In der Meisterschaft lief es deutlich besser. Mit einem Sieg über Chelsea sicherte sich der FC Liverpool 1966 den Titel.

Mit den sportlichen Erfolgen wuchs auch der Zuspruch der heimischen Fans. Zum Anfield kamen zu den Spielen etwa 50.000 Fans. Die Hymne der Erfolge wurde das Lied „You'll never walk alone". Das Lied wurde erstmals 1945 in einem Musical veröffentlicht. 1963 coverte die Liverpooler Gruppe Gerry and the Pacemakers den Song und eroberte damit die Spitze der Charts. Sänger Gerry Marsden spielte das Lied Bill Shankly vor, der davon begeistert war. Die Presse bekam Wind davon und machte daraus eine große Story. Liverpools Vereinshymne war geboren. Kevin Keegan bekannte, beim Hören des Liedes an der Anfield Road oft geweint zu haben. Noch heute singen die Liverpool-Anhänger den Song vor Beginn jedes Heimspiels, das Lied gehört zum Klub wie die roten Trikots.

Es wurde schon erwähnt, dass Shankly einige Assistenten von seinem Vorgänger Taylor übernommen hatte. Mit ihnen und anderen kam er über viele Jahre im legendären Boot Room zusammen, um in entspannter Atmosphäre bei einer Tasse Tee Strategie und Taktik des nächsten Spiels zu diskutieren. Im Boot Room neben den Umkleide-kabinen waren eigentlich die Fußballschuhe der Spieler aufbewahrt worden.

Shankly arbeitete viel mit Psychologie, wusste auch genau, wie man Spieler gegnerischer Teams verunsichern konnte. Das Schild „This is Anfield", das über dem Eingang zum Spielertunnel hängt und von jedem Spieler gesehen wird, war seine Idee. Damit sollten die gegnerischen Spieler verunsichert werden. Gleich im ersten Spiel, nachdem das Schild aufgehängt worden war, ging Newcastle an der Anfield Road mit 0:5 baden.

Großen Anteil an Liverpools Erfolgen in diesen Jahren hatte Bob Paisley als Co-Trainer und rechte Hand Bill Shanklys. Paisley war ein wertvoller Ratgeber, und Shankly konnte sich zu 100 Prozent auf die Loyalität seines Assistenten verlassen. Als gelernter Physiotherapeut führte er ein, dass die Spieler nach dem Training erst 40 Minuten abkühlten, bevor sie ins Becken gingen. Damit wurde die Verletzungsgefahr verringert, und tatsächlich gab es bei Liverpools Spielern in den ersten Jahren weniger Verletzungen als bei anderen Vereinen. In der Meistersaison 1965/66 kamen die Reds mit nur 14 Spielern aus!

Prägende Spieler der sechziger Jahre waren Ron Yeats, Chris Lawler, Tommy Smith, Ian St John, Ian Callaghan und Roger Hunt.

Ian Callaghan war ein Liverpooler Eigengewächs. Schon als Jugendlicher Fan der Reds, kam er als 18-jähriger ins Team. Seit 1961 war er Stammspieler. In späteren Jahren wechselte er von der Flügelstürmer-Position in eine Mittelfeldrolle. Als Shankly um 1970 die Mannschaft radikal verjüngte, war der 28-jährige Callaghan noch jung genug, um weiterhin eine Rolle zu spielen. Mit seiner Erfahrung wurde er für die Jüngeren eine Art Respektsperson und Anführer.

Roger Hunt, geboren 1938, spielte seit 1958 bei den Reds. Im Laufe seiner Karriere schoss er bis 1969 245 Ligatore für Liverpool – bis heute Rekord. Sein 1:0 gegen Arsenal am 22. August 1964 war das erste Tor, dass in der legendären BBC-Sendung Match of the Day zu sehen war.

Tommy Smith debütierte 1963 für den FC Liverpool, als er kaum 18 Jahre alt war. Bis 1978 war er mit seiner Zweikampfstärke eine Stütze der Liverpooler Abwehr.

Chris Lawler feierte 1962 als rechter Verteidiger sein Debüt. Ab 1965 war er für Shankly unersetzlich und verpasste in den kommenden sieben Jahren nur drei Spiele. Erst 1975, nach dem Rücktritt Shanklys, war auch Lawler nur noch zweite Wahl und wechselte nach Portsmouth, wo er vom früheren Teamkollegen Ian St John trainiert wurde.

Ron Yeats (Spitzname „Der Koloss“) kam 1961 von Dundee United und wurde schon in seiner ersten Saison Teamkäpt'n. Er blieb bis 1971, als Shankly das Team erneut total umkrempelte.

Der Schotte Ian St John kam zur gleichen Zeit wie Yeats an die Anfield Road, womit der Umbau des Teams erst einmal abgeschlossen war. Mit 21 Treffern hatte er maßgeblichen Anteil an Liverpools Meisterschaft 1964. Sein wichtigstes Tor erzielte er im Jahr darauf im FA-Cup-Finale, als er in der Verlängerung mit einem Kopfball nach einer Flanke von Ian Callaghan den Torhüter von Leeds überwand. Wie die anderen hatte St John seine beste Zeit in der Mitte der sechziger Jahre, danach ging es mit der Form bergab. Ende der 60er wurde er von Shankly aussortiert und spielte noch kurz im Reserveteam.

In den späten sechziger Jahren schwächelte der FC Liverpool. Die Mannschaft alterte, Zukäufe schlugen nicht ein. Für eine Rekordsumme kam Tony Hateley vom FC Chelsea, aber schon nach einem Jahr wurde er wegen Verletzungen und Formschwäche weiterverkauft. Ein Flop war auch Alun Evans, der im September 1968 als Neunzehnjähriger für 110000 Pfund verpflichtet wurde, für einen Teenager damals eine Rekordsumme. Er blieb bis 1972 bei den Reds, schaffte aber nie den großen Durchbruch. 1970 wurde er in einem Nachtclub mit einer Glasscherbe angegriffen und hatte seitdem Narben in seinem Gesicht.

Als in der Saison 1969/70 im FA Cup eine enttäuschende Niederlage gegen den FC Watford hingenommen werden musste, ging Shankly einen umfangreichen Umbau des Teams und eine deutliche Verjüngung an. Leistungsträger wie Hunt, St John und Yeats mussten den Verein verlassen.

In der Saison 1970/71 kam eine deutlich verjüngte Mannschaft aufs Feld. Das Durchschnittsalter betrug 22. Zu den Jungen zählte zum Beispiel John Toshack. Ende 1970 kam er für eine Summe nach Liverpool, die der Verein in dieser Höhe noch nie gezahlt hatte. Seine Kopfballstärke machte ihn zum idealen Partner von Kevin Keegan, der 1971 von Scunthorpe United zu den Reds stieß. Toshack erkämpfte den Ball in der Luft, und Keegan schloss mit dem Fuß ab – auf diese Weise wurden die Beiden zu einem sehr erfolgreichen Stürmerduo. Obwohl sie sich privat nicht viel zu sagen hatten, waren sie auf dem Platz die ideale Verbindung. Im November 1974 verließ Toshack die Reds, nachdem er seinen Stammplatz an Ray Kennedy verloren hatte.

Kevin Keegan hatte schon als Jugendlicher nur Interesse an Sport. Er boxte sogar in einem Verein. Als 15-jähriger absolvierte er einen 50-Meilen-Lauf von Nottingham nach Doncaster. Die ersten Jahre als Profi verbrachte er bei Scunthopre United in der vierten Liga, 1971 kam er nach Liverpool. Nur 1,73 Meter groß, war sein Spitzname „Mighty Mouse".

Liverpools Chefscout Geoff Twentyman war auf Keegan aufmerksam geworden und empfahl Bill Shankly eine Verpflichtung des Zwanzigjährigen. Eigentlich war Keegans Platz im Mittelfeld, aber Shankly stellte ihn an die Seite Toshacks, nachdem Keegan sich in einigen Spielen des Reserveteams als Goalgetter erwiesen hatte. Bei seinem Debüt im

August 1971 traf er schon nach zwölf Minuten. Bald spielte er auch in der englischen Nationalmannschaft.

In der Liga zahlte sich die Verjüngung erst einmal nicht aus. Erst 1971/72 konnte Liverpool um den Titel mitspielen, schaffte am letzten Spieltag nicht den nötigen Sieg gegen Arsenal und wurde nur Dritter. Besser lief es in der folgenden Saison. Nach einem 5:0-Sieg gegen Sheffield United am ersten Spieltag gab Liverpool die Führung in der Tabelle nicht mehr her. Es war die achte Meisterschaft, womit der Rekord von Arsenal eingestellt wurde. Mit dem Sieg am 30. Dezember 1972 gegen Crystal Palace kam Liverpool auf eine Serie von 21 gewonnenen Heimspielen in Folge. Dieser Rekord wurde erst unter Jürgen Klopp im März 2020 gebrochen.

Die Krönung der Saison 1972/73 war dann der Gewinn des UEFA-Pokals gegen Borussia Mönchengladbach. Auf dem Weg ins Finale überwanden die Reds Eintracht Frankfurt, AEK Athen, die DDR-Klubs BFC Dynamo und Dynamo Dresden und schließlich im Halbfinale Tottenham Hotspur. Es war das zweite internationale Finale für Liverpool, nach der Niederlage von 1966 gegen den BVB.

Nun ging es gegen eine andere Borussia, die „jungen Fohlen" aus Gladbach. Im Hinspiel an der Anfield Road brach der Schiedsrichter das Match nach 27 Minuten ab. Die ganze Woche vor dem Finale und auch am

Spieltag selber hatte heftiger Regen das Spielfeld aufgeweicht, so dass sich die Spieler den Ball nicht zuspielen konnten. Das Spiel wurde auf den nächsten Tag verschoben, aber die 27 Minuten hatten ausgereicht, um Liverpools Team Manager einen Einblick in Borussias Taktik zu geben.

Shackly hatte erkannt, dass Günter Netzer schwach in der Luft war und stellte nun doch den starken Kopfballspieler Toshack auf. Toshack bediente dann auch seinen kongenialen Partner Kevin Keegan per Kopf, der das 1:0 für die Reds erzielte. Keegan verschoss wenig später einen Handelfmeter, traf dann aber 33. Minute wieder ins Netz. Ray Clemence hielt in der 65. Minute einen Elfmeter, geschossen von Jupp Heynckes. Damit fehlte den Deutschen das so wichtige Auswärtstor, sie verloren 0:3 an der Anfield Road.

Natürlich stellten sich die Reds im Rückspiel hinten rein, um den Vorsprung zu halten. Heftiger Regen und schlechte Platzverhältnisse stellten die Abwehr aber vor große Probleme. Netzers Pässe trieben Gladbach nach vorne, und in der 30. Minute hatten die Borussen Liverpools Abwehr zum ersten Mal geknackt. Torschütze war Jupp Heynckes, der damit seinen verschossenen Elfer aus dem Hinspiel wieder-gutmachte. Wenig später konnte er zum 2:0 erhöhen.

Aber die Borussia konnte den Druck nicht über neunzig Minuten aufrechterhalten. Liverpool hielt das

2:0 und gewann somit zum ersten Mal den UEFA-Pokal. Es war auch das erste Mal überhaupt, dass ein englischer Klub in der gleichen Saison die englische Meisterschaft und einen internationalen Titel holen konnte.

1973 wurde der alte Main Stand an der Anfield Road abgerissen und durch einen Neubau ersetzt.

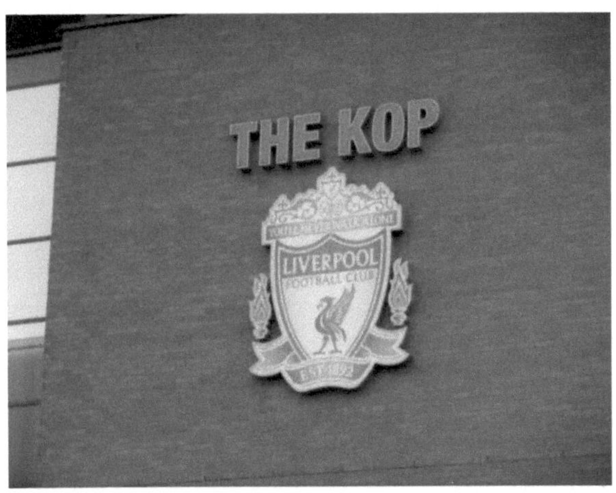

In der Saison 1973/74 gelang es den Reds nicht, ihre Titel zu verteidigen. Im Pokal der Landesmeister kam schon in der zweiten Runde das Aus gegen den jugoslawischen Meister Roter Stern Belgrad. In der Meisterschaft startete Liverpool unerwartet schwach mit Niederlagen. Leeds United zog mit 29 ungeschlagenen Spielen in Folge davon, Liverpool konnte zwar im Laufe der Saison den Rückstand verkürzen, aber die letzten Spiele vergeigte man, so dass am Ende nur der zweite Platz in der Meisterschaft zu Buche stand.

Im FA-Cup-Finale traf Liverpool auf Newcastle. Shankly versuchte in den Tagen vor dem Spiel durch Interviews, Newcastles Spieler zu verunsichern. Durchaus mit Erfolg, denn die Reds holten sich vor 100.000 Zuschauern im Wembley-Stadion mit einem 3:0 den Cup, Keegan steuerte zwei Tore bei.

Die Ära Bill Shankly neigte sich dem Ende zu. Seine letzte große Tat war 1974 die Verpflichtung von Ray Kennedy, der acht Jahre bei den Reds bleiben sollte. Kennedy kam für 180.000 Pfund von Arsenal. Da im Sturm andere Spieler gesetzt waren, wurde Kennedy in den folgenden Jahren nicht als Mittelstürmer, sondern im linken offensiven Mittelfeld eingesetzt.

Noch am gleichen Tag der Verpflichtung von Ray Kennedy erklärte Shunkly seinen Rücktritt. Das war ein harter Einschnitt für Liverpool und die Fans, zu denen Shankly ein besonders gutes Verhältnis hatte. Die Fans waren immer überzeugt, Shankly würde sie zu 100 Prozent verstehen. Er war ein großartiger Redner und verstand es, die Massen in Liverpool aufzupeitschen.

Doch im Alter von 60 fühlte sich Bill Shankly müde und verbraucht. Eine Rolle spielte auch seine Frau, die ihm schon ein Jahr zuvor zum Rücktritt gedrängt hatte. Er hatte alles gewonnen – fast alles. Es wurmte ihn doch, dass er den Europapokal der Landesmeister nicht an die Anfield Road hatte holen können.

Shankly konnte aber nach seinem Rücktritt nicht so einfach loslassen. Immer wieder tauchte er bei Mannschaftstrainings auf und gab Ratschläge. Damit untergrub er die Autorität seines Nachfolgers Bob Paisley, mit dem er doch lange Jahre so gut und erfolgreich zusammengearbeitet hatte. Schließlich sah sich Paisley gezwungen, Shankly zu bitten, nicht mehr bei den Trainingssessions aufzutauchen.

Shankly fühlte sich von seinem Klub schlecht behandelt. Er besuchte zwar weiterhin die Heimspiele, vermied aber den Kontakt zu Liverpools Offiziellen. Oft beklagte er sich darüber, von anderen Vereinen viel besser behandelt zu werden. Gerne hätte Shankly sich wohl im Vorstand des FC Liverpool weiter für seinen Verein ins Zeug gelegt. Aber die Vereinsbosse hatten nicht vergessen, wie schwierig ihr Verhältnis zum Team Manager gewesen war. Da waren die zahlreichen Rücktrittsandrohungen, aber auch abwertende Kommentare über den Vorstand der Reds gewesen. Für den Verein war es vermutlich das Beste, wenn sich Shankly komplett zurückzog, denn das Leben ging ja weiter.

Shankly arbeitete noch ein paar Jahre als Kommentator, auch als Berater. Aber nicht für

Liverpool, sondern für Vereine wie Wrexham und Tranmere Rovers. 27 Tage nach seinem 68. Geburtstag starb Shankly 1981 an den Folgen eines Herzinfarkts.

BOB PAISLEYS ERFOLGE: LIVERPOOL DOMINIERT ENGLAND UND EUROPA

In der Saison 1974/75 war für Shanklys Nachfolger Bob Paisley und seine Reds nichts zu holen. Hinzu kam, dass sich England nicht einmal für die Europameisterschaft qualifizieren konnte.

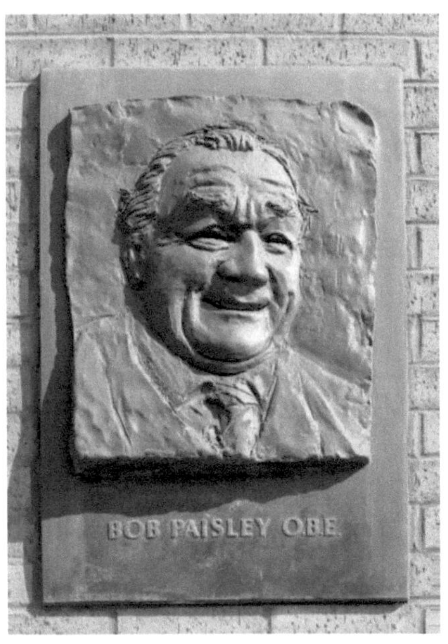

Paisley hatte gezögert, die Nachfolge des großen Shankly anzutreten. Doch nach der ersten schwierigen Saison wurde bald klar, dass es der richtige Schritt gewesen war. Bei seinem Rücktritt neun Jahre später war er der erfolgreichste Team-Manager in der Geschichte des englischen Fußballs mit sechs Meistertiteln und vielen Titeln im europäischen und englischen Pokal. Liverpool dominierte ein Jahrzehnt lang den englischen und den europäischen Fußball.

Paisley holte in seiner ersten Saison wichtige neue Spieler an die Anfield Road. Da war zum Beispiel Jimmy Case, der Mittelfeldspieler mit der unglaublichen Schuss-Stärke. Er war in einem Liverpooler Vorort aufgewachsen, spielte erst für den kleinen Klub FC South Liverpool. Im Mai 1973 zog es den Neunzehnjährigen zu den Reds, für die er aber erst im April 1975 in der ersten Liga debütierte. Für einen Mittelfeldspieler war Jimmy Case erstaunlich torgefährlich.

Ein anderer Neuer im Mittelfeld war Terry McDermott, der schon als Kind Liverpool-anhänger gewesen war, jedoch erst für Bury und Newcastle auflief, bevor er 1974 an die Anfield Road wechselte. Erst in der Saison 1976/77 entwickelte sich McDermott zum Stammspieler. 1977 wählte die BBC seinen Lupfer als Drehschuss von der Strafraumecke im FA-Cup-Halbfinale gegen Everton zum Tor der Saison.

Neu war auch Phil Neal, der vorher einige Jahre für die unterklassige Mannschaft von Northampton Town gespielt hatte. Der 1951 geborene Neal entwickelte sich zu einem der erfolgreichsten Spieler in der englischen Fußballgeschichte. Als Außenverteidiger kam er in allen fünf Endspielen im Europapokal der Landesmeister für Liverpool zum Einsatz. In seiner Liverpooler Zeit erzielte er sechzig Treffer, sehr viel für einen Abwehrmann, aber Neal war ein sicherer Elfmeterschütze. Zwischen 1975 und 1983 spielte er 365 Partien in Serie für die Reds.

Die Saison 1975/76 war Paisleys Durchbruch als Liverpools Team-Manager. In der Liga starteten die Reds schwach, aber ein einziger Punktverlust in den letzten neun Spielen sicherte ihnen die Meisterschaft.

Im UEFA-Cup erreichte Liverpool wieder das Finale, nach Siegen u.a. über Dynamo Dresden und den FC Barcelona. Im Camp Nou hatten die Reds dank eines Treffers von Toshack in der 13. Minute gesiegt, da reichte ein 1:1 im Rückspiel an der Anfield Road. Gegner im Finale war der FC Brügge, der im Halbfinale den HSV rausgekickt hatte.

Zum ersten Mal konnte eine belgische Mannschaft das Finale eines europäischen Cupwettbewerbs erreichen. Brügge war natürlich klarer Außenseiter, ging aber an der Anfield Road bereits in der 5. Minute nach einem krassen Schnitzer von Phil Neal in Führung. Nur sieben Minuten später erhöhte Brügge auf 2:0 und stürmte weiter gegen die Reds an. Die Wende brachte die Entscheidung Paisleys, in der Halbzeitpause Toshack durch Jimmy Case zu ersetzen. Case wirbelte auf der rechten Seite Brügges Abwehr durcheinander. Dies zahlte sich bald aus: in der 59. Minute traf Ray Kennedy, zwei Minuten später auch Jimmy Case. Keine drei Minuten später wurde Heighway im Strafraum gefoult und Kevin Keegan konnte den fälligen Elfer versenken.

Das Rückspiel fand in Brügge statt. Dank der Auswärtstor-Regel hatte Brügge gute Chancen auf den Titelgewinn. Wieder gingen die Belgier früh in Führung, durch einen Handelfmeter in der 11. Minute. Aber nur vier Minuten später gelang Keegan der Ausgleich. Es war der erste Gegentreffer, den das Team aus Brügge im laufenden Wettbewerb zuhause kassierte. Die Belgier stürmten für den Rest des Spiels gegen Liverpools Abwehr an und hatten kurz vor Schluss noch eine gute Möglichkeit, aber eine Parade von Clemence rettete Liverpool. Zum zweiten Mal nach 1973 gewannen die Reds den UEFA-Pokal und schafften zum zweiten Mal das Double aus englischer Meisterschaft und UEFA-Pokal.

In die Saison 1976/77 gingen die Reds mit der klaren Zielstellung, nun auch endlich den Pokal der Landesmeister an die Anfield Road zu holen. Liverpool bekam es u.a. mit Trabzonspor aus der Türkei und

Saint-Étienne aus Frankreich zu tun. Das Rückspiel gegen die Franzosen war ein denkwürdiges. Die Reds musste ein 0:1 wettmachen, gingen früh in Führung, mussten jedoch den Ausgleich kassieren. Zwei Tore waren nun nötig, um das Ausscheiden im Viertelfinale abzuwenden. Nur sechs Minuten vor Abpfiff gelang dem gerade eingewechselten David Fairclough das entscheidende 3:1.

Im Halbfinale war der FC Zürich überhaupt kein Problem für die Reds, aber im Finale wartete mit Borussia Mönchengladbach ein alter Bekannter und harter Brocken. Die Reds gingen in Führung, Borussia glich in der 52. Minute aus. Nach einem Eckball traf Tommy Smith in der 64. Minute in seinem 600. Spiel für die Reds zum 2:1. Als Berti Vogts in der 82. Minute Kevin Keegan zu Fall brachte, gab es Elfmeter für Liverpool. Phil Neal erhöhte auf 3:1 und sein Team gewann den Cup.

Da die Reds auch die englische Meisterschaft holten (zum zehnten Mal), gelang ihnen wieder das Double. Die Krönung wäre der Gewinn der FA Cups gewesen, aber Liverpool scheiterte im Finale an Manchester United.

Nach der überaus erfolgreichen Saison verließ Kevin Keegan Liverpool Richtung Hamburg. Für 500.000 Pfund wechselte er zum HSV, das Doppelte von der bisher höchsten Ablösesumme in der Bundesliga, aber auch für die englische Liga ein Rekord.

Genau 100 Tore hatte Keegan für die Reds erzielt. Paisley holte als Ersatz für die Rekordsumme von 440.000 Pfund Kenny Dalglish von Celtic Glasgow und bewies damit ein glückliches Händchen. 502 Mal sollte der schottische Rekord-Nationalspieler für die Reds auflaufen. Experten halten ihn für den besten Stürmer auf der britischen Insel nach dem Zweiten Weltkrieg. Als Liverpools Fans 2006 die 100 beliebtesten Liverpool-Spieler aller Zeiten wählten, stand Dalglish an der Spitze.

Dalglish (geboren 1951) gewann mit Celtic viermal die schottische Meisterschaft. 167 Tore hatte er für Celtic erzielt, bevor er an die Anfield Road kam. Gleich in seinem Debüt in der First Divisio gegen Middlesbrough am 20. August 1977 traf Dalglish. Auch beim 6:0 gegen Keegans neuen Klub HSV traf Dalglish. Am Ende der Sasion hatte er 31 Treffer für die Reds auf seinem Konto, davon 20 Tore in 42 Ligaxpielen. Auch Dalglish konnte aber nicht verhindern, dass Liverpool seinen Titel nicht verteidigen konnte, sondern sieben Punkte hinter Nottingham Forest zurück blieb. Auch das Finale im Football League Cup verlor man gegen Nottingham.

Viel besser lief es auf europäischer Ebene. Liverpool gelang es als erstem englischen Klub überhaupt, seinen europäischen Titel zu verteidigen. Auf dem

Weg ins Finale räumten die Reds wieder einmal Dynamo Dresden aus dem Weg (5:1 an der Anfield Road), gleich danach Benfica Lissabon. Im Halbfinale warteten die Borussen aus Mönchengladbach auf eine Revanche für die Niederlage vom Vorjahr. Das Hinspiel am Bökelberg gewann Gladbach noch mit 2:1, aber ein 3:0 für die Reds daheim sicherte Liverpool den Finaleinzug. Trotzdem entwickelte sich in diesen Jahren eine enge Fan-Freunschaft zwischen beiden Vereinen, die bis heute Bestand hat.

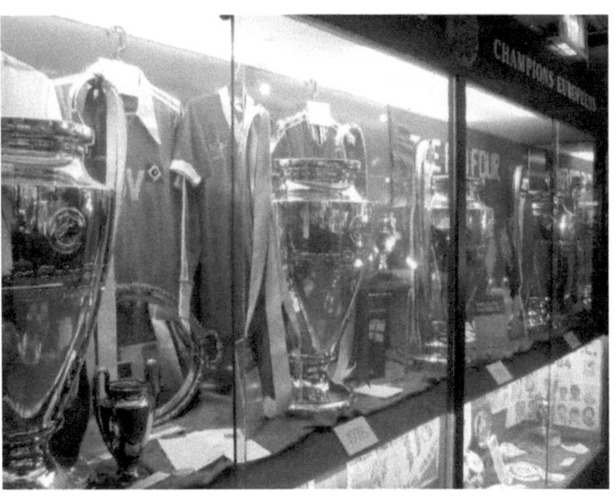

Liverpools Siegerpokale von 1977 bis 1984

Finalgegner Brügge (zwei Jahre zuvor Liverpools Gegner im UEFA-Pokal-Finale) hatte immerhin Juve im

Halbfinale ausgeschaltet. Jetzt im Finale stellten sich die Belgier hinten rein. In der ersten Hälfte des Finales scheiterte Liverpool nicht nur an der Abseitsfalle, sondern auch an den Paraden des Brügger Torhüters Birger Jensen. Der Erfolg für Liverpool kam mit der Einwechslung von Steve Heighway. In der 64. Minute gelang Dalglish der Führungstreffer. Brügge hatte im Spiel nur noch eine Torchance, aber Phil Thompson rettete auf der Torlinie. Brügges Coach Ernst Happel zeigte sich nach dem Spiel zwar enttäuscht von der Leistung der Liverpooler, aber den Titel hatten die Reds nun sicher verteidigt.

Die Saison 1978/79 verlief nun wiederum ganz anders. Im Ligapokal gab es ein frühes K.O., und auch international lief nichts. Im Europapokal kam schon in der ersten Runde das Aus, nämlich gegen Nottingham Forest. In der Liga lief es viel besser, die ersten sechs Spiele gewannen die Reds, die erste Niederlage setzte es erst im dreizhenten Spiel gegen den Lokalrivalen Everton. Am Ende der Saison ließen die Reds Nottingham Forest acht Punkte hinter sich und holten die Meisterschaft. Zwei Rekorde konnten die Liverpooler in dieser Saison brechen: Niemals zuvor hatte ein Team so wenig Gegentore hinnehmen müssen, nämlich sechzehn. Und keine Mannschaft zuvor hatte in der First Division mehr Punkte im Saisonverlauf geholt: 68.

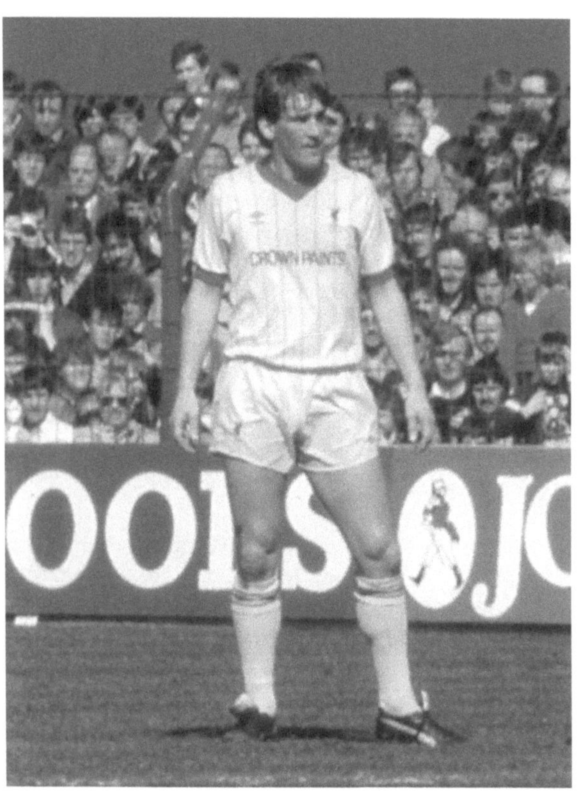

Kenny Dalglish

1980 konnten die Reds ihren Meistertitel verteidigen. Im Januar setzten sie sich an die Spitze der Tabelle und waren von dort nicht mehr zu verdrängen.

Entscheidend war die Heimstärke der Reds, sie blieben in der Saison zuhause ungeschlagen und kassierten an der Anfield Road nur acht Tore. Im FA Cup und im Ligapokal kam Liverpool bis ins Halbfinale. International war die Saison hingegen ein Flop. Schon in der ersten Runde des Europapokals kam das Aus gegen das sowjetische Team Dinamo Tiflis (Georgien).

1980/81 schwächelte der FC Liverpool in der Liga. Zwar verloren die Reds nur acht Spiele, genauso viele wie der Meister Aston Villa, aber siebzehn Mal reichte es nur für ein Unentschieden. Am Ende der Saison fand sich Liverpool auf Platz 5 wieder, so schlecht hatten die Reds seit sechzehn Jahren nicht abgeschnitten.

Viel besser lief es in den Pokalwettbewerben. Zwar gab es im FA Cup ein frühes Aus, aber die Reds gewannen den Ligapokal. Im Pokal der Landesmister erreichte Liverpool das Finale im Pariser Prinzenpark.

Auf dem Weg ins Finale hatten die Reds zuerst den finnsichen Meister Oulun Palloseura ausgeschaltet und dabei zuhause 10:1 gewonnen. Auch Aberdeen, damals trainiert von Alex Ferguson, war keine Hürde. Genauso wenig wie der bulgarische Meister ZSKA Sofia. Erst im Halbfinale wartete mit dem westdeutschen Meister Bayern München ein harter Brocken. Nach dem 0:0 im Hinspiel an der Anfield Road mussten die Reds in München unbedingt treffen. Schon in den ersten Minuten musste Dalglish verletzt vom Platz und wurde durch den unerfahrenen Howard Gayle ersetzt. Gayle wuchs über sich hinaus und wirbelte Bayern Abwehr ganz schön durcheinander. Sieben Minuten vor Schluss hrachte Ray Kennedy sein Team in Führung, schon kurz darauf konnte Karl-Heinz Rummenigge ausgleichen. Aber den Bayern fehlte ein Tor für den Triumph, so dass Liverpool nach dem Spiel den Finaleinzug feiern konnte.

Im Finale wartete Real Madrid. Sechs Mal hatten die Spanier den Pokal der Landesmeister bereits gewonnen, Liverpool nur zwei Mal (1977 und 1978). Beide Teams mussten gewinnen, um in der kommenden Saison wieder im Landesmeisterpokal spielen zu können. Liverpool quälten Verletzungssorgen, Dalglish hatte Wochen nicht trainieren können. Er stand trotzdem auf dem Platz, und in der ersten Phase des Spiels hatten die Reds die höheren Spielanteile. Mit Laurie Cunningham und José Antonio Camacho strahlte aber auch Real Torgefahr aus. Im von Taktik geprägten Spiel dauerte es bis zur 81. Minute, als Liverpool mit Alan Kennedy endlich das gegnerische Tor traf. Den Sturmlauf von Real überstanden die Reds und sicherten sich den dritten Pokal der Landesmeister, was vorher keinem englischen Verein gelungen war.

In der Saison 1981/82 sah es wie schon im Vorjahr überhaupt nicht gut aus für den FC Liverpool. Bis Ende Dezember hatten die Reds nur sechs von siebzehn Spielen gewonnen und fanden sich in der unteren Hälfte der Tabelle wieder. Doch elf Siege in Folge sicherten den Reds dann doch den Titel, am Ende lagen sie vier Punkte vor Ipswich Town. In der Saison darauf waren es dann am Ende sogar elf Punkte, die der Meister Liverpool Vorsprung vor dem nächsten Verfolger hatte (Watford). Mit einem 2:1 gegen Manchester United sicherte sich Liverpool auch den Ligapokal, zum dritten Mal in Folge.

DIE KATASTROPHE

Vor dem Start der Saison 1983/84 erklärte Bob Paisley 64-jährig seinen Rücktritt als Teammanager. Sechs Meistertitel, drei Europapokale und drei Ligapokale hatte er Liverpool gesichert, was ihn zum erfolgreichsten Teammanager in der Geschichte des FC Liverpool macht. Nur der Gewinn des FA Cups blieb ihm verwehrt. 44 Jahre hatte Paisley dem FC Liverpool gedient, und anders als sein Vorgänger Bill Shankly blieb er dem Verein als „Director" bis 1992 erhalten. Zu diesem Zeitpunkt beagnn er an Alzheimer zu leiden, er starb 1996.

Sein Assistent Joe Fagan übernahm Paisleys Job. Fagan, geboren 1921, hatte für Manchester City gespielt und kam Ende der fünziger Jahre nach Liverpool in Shanklys Team, und trainierte einige Jahre das Reserveteam, seit 1971 auch die erste Mannschaft. 1979 wurde der für seine ruhige Art geschätzte Fagan Assistent von Bob Paisley. Wie auch Paisley zögerte Fagan, als ihm der Job des Teammanagers angeboten wurde. Aber in Liverpool sah man es gerne, wenn man niemanden von außen holen musste.

Fagan holte neue Spieler ins Team, zum Beispiel Michael Robinson. Er war 1979 für 750.000 Pfund zu

Manchester City gekommen, eine ungewöhnlich hohe Summe für einen 21-jährigen Spieler ohne Erstliga-Erfahrung. Er konnte sich aber bei City nicht durchsetzen, wechselte bald zu Brighton & Hove Albion, wo sich Robinson zu einem Klassestürmer entwickelte. Als Brighton abstieg, war er froh, dass Liverpool ihn haben wollte. Bei den Reds hatte Robinson sich mit Dalglish und Ian Rush zu messen. Dalglish wurde in dieser Zeit immer weniger torgefährlich, blieb aber trotzdem ein enorm wertvoller Spieler.

Ian Rush aus Wales hatte 1978 seine Karriere in der dritten Liga bei Chester City begonnen. Dort wurde der 1961 geborene schnell zu einem Torgaranten. Einige Vereine zeigten Interesse an Rush, 1980 wechselte er an die Anfield Road. Bis 1987 erzielte er für die Reds 229 Tore in 469 Ligaspielen. 1984 war er Europas erfolgreichster Torschütze mit 32 Treffern.

Die Chancen waren ausgezeichnet, dass Joe Fagan die Erfolgsgeschichte des FC Liverpool fortschreiben würde. Es lief auch gut an in der Saison 1983/84.

Ab November stand Liverpool an der Spitze der Tabelle und hatte am Ende drei Punkte Vorsprung vor Southampton. Es war der dritte Titel in Folge, zu verdanken vor allem der Treffsicherheit von Ian Rush. Zum vierten Mal in Folge gewannen die Reds den Ligapokal. Das Finale im Europapokal der Landesmeister gewann Liverpool im Elfmeterschießen gegen den AS Rom. Zum ersten Mal hatte ein englisches Team damit drei große Titel in einer Saison gewonnen.

In der Saison 1984/85 konnte Liverpool zum ersten Mal seit neun Jahren keinen Titel gewinnen. In der Meisterschaft lag man am Ende immerhin auf dem zweiten Platz, aber dreizehn Punkte hinter Meister Everton. Zwar erreichten die Reds das Finale im Pokal der Landesmeister. Aber das Spiel im Brüsseler Heysel-Stadion geriet zu einer furchtbaren Katastrophe.

Liverpool wollte in Brüssel seinen Titel im höchsten europäischen Wettbewerb verteidigen. Als Gegner im Finale wartete aber mit Juventus Turin ein ganz harter Brocken. In Juves Team waren viele Spieler aus der italienischen Weltmeistermannschaft von 1982. Spielmacher war Michel Platini, damals vermutlich der beste Spieler in Europa. Juve hatte 1984 die Reds im Supercup 2:0 geschlagen.

Die UEFA-Offiziellen wählten das Brüsseler Heysel-Stadion für das Finale aus. Es gab in Europa ganz sicher viel bessere Orte für ein Finale, in dem die beiden besten Klubteams des Kontinents aufeinander trafen. Das Stadion war schon 55 Jahre alt und stark baufällig. Die Spuren des Verfalls waren so offensichtlich, dass Liverpools Führung eine Verlegung des Spielortes verlangte. Aber vergeblich.

Am Finalabend war das stadion proppenvoll, auch weil sich viele Fans ohne Ticket den Einlass gesichert hatten. Sie traten einfach Löcher in die brüchige Außenmauer. Liverpool und Juve wurden von jeweils etwa 25.000 ihrer Fans angefeuert. Die Fans der Reds waren aber sauer, dass ihre Blocks offenbar kleiner waren als die für die Juve-Fans.

Liverpool- und Juve-Fans, viele von ihnen alkoholisiert, waren nur wenige Meter voneinander entfernt und gerieten schon eine Stunde vor Anpfiff in Streit. Hooligans brachen Steine aus der baufälligen Tribüne und bewarfen damit gegnerische Fans. Kurz vor Anpfiff stürmten mehrere hundert Liverpool-Fans den benachbarten Block, der eigentlich ein neutraler Block sein sollte. Doch viele in Belgien lebende Italiener hatten sich Tickets besorgt, um Juve anzufeuern. Die Tickets kamen von einem korrupten UEFA-Funktionär. Einige von ihnen wurden gegen eine Mauer gedrückt, viele niedergetrampelt. Als die Mauer zusammenbrach, begrub sie viele Menschen unter sich. 32 Italiener starben, vier Belgier, zwei Franzosen und ein Nordire.

Wieso wurde dann das Spiel mit 87 Minuten Verspätung überhaupt angepfiffen? Die Verantwortlichen hatten Sorge, dass die Situation im Stadion bei einer Spielabsage weiter eskalieren würde. Also wurde gespielt, obwohl die meisten Spieler strikt dagegen waren. Das ZDF hatte die Live-Übertragung längst abgebrochen, aus Respekt vor den Menschen, die im Stadion ums Leben gekommen waren.

Vor Anpfiff wandten sich die beiden Mannschafts-kapitäne mit Ansprachen an die Zuschauer und forderten zur Ruhe auf. Ein Elfmetertor von Platini sicherte den Italienern den Titel, aber das war eigentlich nicht mehr wichtig.

Die UEFA leitete eine offizielle Untersuchung der Vorgänge im Heysel-Stadion ein. Den Liverpooler Fans wurde die alleinige Schuld zugeschrieben. Die britische Polizei machte sich auf die Suche nach schuldigen Hooligans. Es gab Videoaufnahmen im Fernsehen und Fotos in den Zeitungen, so dass schließlich 26 Liverpooler Fans wegen Totschlags angeklagt wurden. Erst im Oktober 1988 begann der Prozess in Belgien, der mit Verurteilungen zu drei Jahren Gefängnis endete. Viele Menschen fanden dies zu milde, und in einem Berufungsverfahren wurden die Strafen teilweise heraufgesetzt.

Die Katastrophe von Brüssel hatte für den englischen Fußball schlimme Folgen. Die Hooligans von der Insel waren sowieso berüchtigt. Anfang Juni 1985 wurden alle englischen Klubs für unbestimmte Zeit von den UEFA-Wettbewerben ausgeschlossen. Auch außerhalb Europas waren nur noch Freunschaftsspiele erlaubt. Erst in der Saison 1990/91 hatte der Druck von Englands Fußballverband Erfolg und englische Klubs durften wieder an den Wettbewerben teilnehmen.

Ein Jahr später wurde auch der Bann gegen den FC Liverpool nach sechsjähriger Sperre aufgehoben. Eine Konsequenz aus der Katastrophe war auch die Abschaffung von Stehplätzen bei internationalen Spielen.

KENNY DALGLISH: VOM SPIELERTRAINER ZUM ERFOLGSCOACH

Schon vor dem Schicksalsspiel in Brüssel hatte Joe Fagan für sich entschieden, als Team-Manager zurückzutreten. Mit seinen 64 Jahren fühlte er sich zu alt, um den nötigen Umbau des Liverpooler Kaders zu schaffen. Wieder fand man an der Anfield Road eine interne Lösung, wenn auch eine ungewöhnliche: Dalglish wurde der erste Spieler-Trainer.

Dalglish sortierte Phil Neal und Alan Kennedy aus. Eine wichtige Stütze wurde der Abwehr- und defensive Mittelfeldspieler Steve Nichol, der bis 1994 bei Liverpool blieb. Unter Fagan spielte sich auch der selbstbewusste und offensivstarke irische linke Außenverteidiger Jim Beglin ins Team, wo er Alan Kennedy verdrängte.

In seiner ersten Saison (1985/86) stellte sich Dalglish selber nur in 21 Ligaspielen auf. Mit seinem Tor zum 1:0-Auswärtssieg beim FC Chelsea sicherte er den Reds aber den Meistertitel. Dabei hatte die Saison sehr schwach begonnen, aber Liverpool gewann von den letzten zwölf Spielen elf. Zum ersten Mal schaffte Liverpool das Double aus Meisterschaft und FA Cup. Im Finale ging Everton durch Gary Lineker in Führung, bevor Ian Rush zweimal Craig Johnston einmal trafen.

Spielertrainer Dalglish war zwar noch eine wichtige Stütze für sein Team, ließ aber immer öfter jüngeren Spielern den Vortritt. Zu Beginn der Saison 1986/87 erkärte Ian Rush seinen Wechsel zu Juventus Turin zum Saisonende. Er ging nicht freiwillig, sein Verein war nach dem Ausschluss aus den europäischen Cupwettbewerben einfach knapp bei Kasse und brauchte die Ablösesumme dringend.

Zwar traf Rush noch gewohnt zuverlässig, aber in dieser Saison konnten die Reds keinen Titel gewinnen. In der Liga Zweiter hinter Everton, im FA Cup das Aus in der dritten Runde gegen Luton Town, im Ligapokal eine Finalniederlage gegen Arsenal.

Nach dem Weggang von Ian Rush formte Dalglish ein neues Sturmduo aus John Aldridge und Peter Beardsley. Aldridge sah Ian Rush nicht nur äußerlich ähnlich, er bot sich auch deshalb als Ersatz an, weil er in Liverpool geboren worden war. Er spielte aber für Newport County und Oxford United, bevor er mit Ende 20 an die Anfield Road geholt wurde. Die Reds holten sich also einen erfahrenen Mann, dessen Torjägerqualitäten außer Frage standen. Aldridge kam mitten in der Saison und hielt dem großen Druck stand. Schließloich verglich ihn jeder mit Ian Rush.

Peter Beardsley feierte in Newcastle große Erfolge, vor allem dank seines schnellen Antritts. In der englischen Nationalmannschaft stürmte er an der Seite Gary Linekers. Als Beardsley 1987 an die Anfield

Road kam, war er dank seiner Treffsicherheit schnell der Liebling der Liverpool-Fans.

Ebenfalls 1987 kam der 24-jährige John Barnes nach Liverpool, wo er zehn Jahre blieb. Anfangs spielte er im Mittelfeld hinter Aldridge und Beardsley und bildete mit ihnen eine außergewöhnlich effektive Offensivkombination. Barnes hatte allerdings wegen seiner dunklen Hautfarbe immer wieder mit rassistischen Beschimpfungen seitens gegnerischer Fans zu kämpfen. Ein berühmt gewordenes Foto zeigt ihn beim Hackentrick mit einer Banane, die nach ihm geworfen worden war.

Die Saison 1987/88 zeigte den FC Liverpool wieder auf dem Höhepunkt seines Könnens. Auch dank John Aldridge, der in jedem der ersten neun Spiele traf und insgesamt 26 Treffer ablieferte. In der Liga verloren die Reds nur zwei Mal und gewannen mit einigem Vorsprung die englische Meisterschaft. Im FA-Cup-Finale wurde der frischgebackene Meister aber von Wimbledon kalt erwischt (0:1). Wimbledons Torwart hielt einen Elfmeter von Aldridge, von dem er wusste, dass diesen jeden Elfer in die linke Ecke schoss. Da half es auch nicht, dass die Liverpooler vor dem Finale einen Song („Anfield Rap“) aufgenommen hatten, der bis auf Platz 3 der Charts stieg.

Ian Rush konnte sich in Italien nicht einleben. Von ihm ist der denkwürdige Spruch überliefert: „Es ist, als ob man im Ausland wäre." So kehrte er zu Beginn der Saison 1988/89 an die Anfield Road zurück. Anders als gedacht verdrängte er aber nicht Aldridge, der weiter zuverlässig traf, während sich Rush nur schwer einleben konnte und wegen Formschwäche immer öfter auf der Bank Platz nehmen musste.

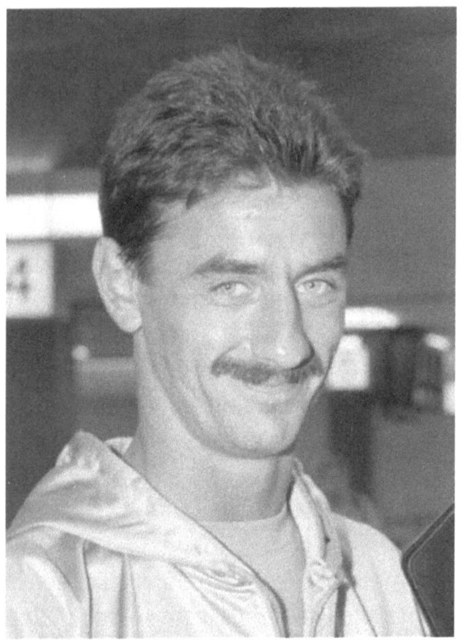

Ian Rush 1988

Liverpool startete schwach in die Saison, hatte aber im April Arsenal eingeholt. Doch zu dieser Zeit ereignete sich eine der größten Katastrophen in der Geschichte des Fußballs. Und wieder war Liverpool daran beteiligt. Im Halbfinale des FA-Cups traf man im Sheffielder Hillsborough-Stadion auf Nottingham Forest. Im neunzig Jahre alten Stadion gab es schon seit Jahren immer wieder Gedränge auf der Stehplatztribüne. Am Tag des Spiels war das Gedränge der hineinströmenden Fans wieder sehr groß. Die FA lehnte aber die Bitte der Polizei ab, den Spielbeginn nach hinten zu verlegen. In einigen Blöcken wurde das Gedränge immer größer, einige Fans kletterten über die Zäune, wurden aber von der Polizei zurückgedrängt. Auch als ein Wellenbrecher brach und viele Fans unter anderen Besuchern begraben wurden, ließ die Polizei nicht die Fluchttore in den Innenraum öffnen.

Aufgeschreckt durch die Hilfeschreie erstickender Fans brach der Schiedsrichter das Spiel schon nach wenigen Minuten ab. Die Spieler gingen zurück in ihre Kabinen, während sich auf dem Platz schreckliche Szenen abspielten. Sanitäter, Polizeibeamte und Fans veruschten mit Wiederbelbungsversuchen, Menschenleben zu retten. Doch für fast hundert Fans kam jede Hilfe zu spät. Bei dem Unglück starb auch der zehnjährige Cousin des späteren Liverpool-Kapitäns Steven Gerrard.

Aufgrund dieser Katastrophe gibt es in den meisten englischen Stadien heute keine Stehplätze und Zäune mehr. Lamge wurde die Aufarbeitung des Unglücks verzögert, erst 2012 stellte eine Untersuchungskommission fest, dass die Schuld bei den Einsatzkräften der Polizei zu suchen war. Viele Opfer hätten gerettet werden können, wenn nur die medizinische Versorgung schneller angelaufen wäre.

Das Wiederholungsspiel konnten die Reds im Old Trafford mit 3:1 für sich entscheiden. Das Finale wurde mit 3:2 dank zweier Treffer von Ian Rush in der Verlängerung gegen Everton gewonnen. Das Double winkte den Liverpoolern, denn am letzten Spieltag der Liga lag man drei Punkte vor Arsenal. Arsenal musste mit mindestens zwei Toren Vorsprung das letzte Saisonspiel gegen Liverpool gewinnen, um vorbeizuziehen. In der Nachspielzeit schoss Michael Thomas das 2:0 und sicherte Arsenal damit den Titel.

In der Saison 1989/90 konnte Liverpool seinen Titel verteidigen, es war die sechzehnte Meisterschaft. Der höchste Sieg der Saison war das 9:0 gegen Aufsteiger Crystal Palace. Es war das einzige Mal in der Geschichte des englischen Fußballs, dass acht verschiedene Spieler für eine Mannschaft ins gegnerische Tor trafen. Gegen Ende der Saison wurde Brügges Ronny Rosenthal ausgeliehen. Der Israeli (Spitzname „Rocket Ronny“) traf gleich sieben Mal in acht Spielen und wurde dauerhaft verpflichtet (bis 1994). Am 5. Mai wechselte sich Kenny Dalglish zum letzten Mal selbst ein und beendte mit 39 Jahren seine Karriere als Profifußballer. Er hatte bis dahin insgesamt 172 Tore in 515 Pflichtspielen für die Reds erzielt.

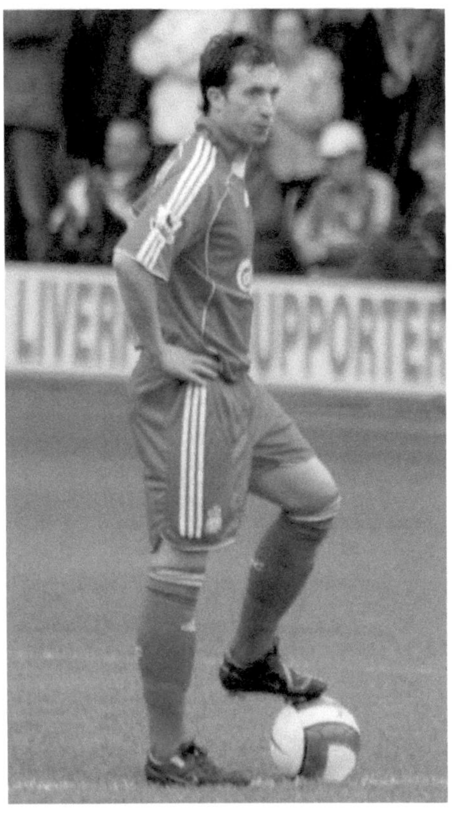

Robbie Fowler

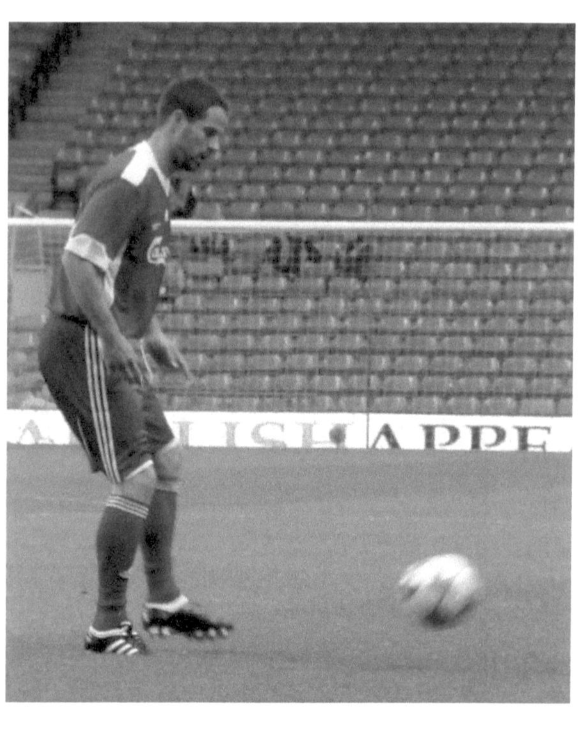

Jamie Redknapp im Jahr 2009

DAS ENDE DER ERFOLGSSTRÄHNE

Die Saison 1990/91 startete der FC Liverpool mit einer Serie von acht Siegen. Aber der Erfolg hielt nicht an, und Arsenal lief den Reds den Rang ab. Nach einem 4:4 gegen Everton im FA Cup erklärte Kenny Dalglish am 20. Februar 1991 seinen Rücktritt. Er begründete dies mit Stress. Mit dem Weggang von Dalglish ging auch die große Zeit des FC Liverpool voerst zu Ende.

Nachfolger für eine Übergangszeit wurde Liverpools Urgestein Ronnie Moran. Moran hatte als Abwehrspieler 1964 mit den Reds den Titel geholt und gehrörte später viele Jahre zum Trainerstab. Er übernahm von Dalglish eine verunsicherte Mannschaft, die dem Druck des Verfolgers Arsenla nicht gewachsen war. Zu Ostern setzte es Niederlagen gegen die Queens Park Rangers und dann auch gegen den FC Southhampton. Eine Vorentscheidung im Titelkampf für Arsenal London. Schon vor Saisonende wurde Graeme Souness als neuer Team-Manager vorgestellt. Moran blieb aber beim Verein und wurde 1998 in den Ruhestand verabschiedet.

Der Schotte Souness hatte von 1978 bis 1984 für Liverpool gespielt, hatte also die große Zeit des Vereins miterlebt und mit 56 Toren selber zu ihr beigetragen. Er wechselte dann zu Sampdoria Genua.

Seit 1986 war er Spieler-Trainer bei den Glasgow Rangers, bekannt für sein rüdes Spiel, das ihm viele Rote Karten bescherte. Mit zwei Meistertiteln empfahl er sich aber für die Aufgabe als Team-Manager beim FC Liverpool, die er im April 1991 übernahm.

Das Liverpooler Team brauchte dringend eine Erneuerung. Gary Gillespie, Steve McMahon und Beardsley wurden verkauft, es kam für 2,9 Millionen Pfund Dean Saunders. Er war der erste Liverpooler Spieler, der in einem Europapokalspiel vier Tore schoss (gegen Lahti), es war das erste Spiel für die Reds auf europäischer Ebene seit 1985. aber in der First Division schlug Saunders nicht so ein wie erhofft. Auch deshalb reichte es am Ende für Liverpool nur zu einem enttäuschenden sechsten Platz. Liverpool hatte ganz eindeutig ein Problem in der Offensive. Der FA-Cup-Sieg gegen Sunderland war sicherlich ein kleiner Trost. Im Europapokal war man aber schon im Viertelfinale an Genua gescheitert.

1992 wurde aus der First Division die Premier League. Anfield wurde nach den Erfahrungen der Hillsborough-Katastrophe umgebaut und am 1. September 1992 feierlich durch UEFA-Generalsekretär Lennart Johannson eröffnet. In der ersten Premier-League-Saison reichte es wieder nur für Platz 6, 15 Niederlagen standen am Ende zu Buche. Auch in den

Pokalwettbewerben kam es zu einem frühen Aus. Die Saison 1993/94 lief dann genauso schlecht. Sauness hatte Paul Stewart für den Sturm geholt, aber dieser erwies sich als totaler Fehleinkauf. Die erfolgsverwöhnten Fans verloren langsam die Geduld.

Der neue Team-Manager Souness hatte sich nicht als Glückstreffer erwiesen. Er ließ den legendären Boot Room abreißen, um Platz für Pressekonferenzen zu gewinnen. Mit den meist älteren Spielern kam er nicht gut klar, es gab immer wieder Berichte über lautstarke Auseinandersetzungen. Nachdem die Reds im FA Cup gegen Bristol City ausgeschieden waren, musste Souness im Januar 1994 gehen.

Trotz seines Misserfolgs waren unter Souness ein paar junge Spieler ans erste Team herangeführt worden, die in den folgenden Jahren voll einschlugen.

Robbie Fowler (geboren 1975 und nur 1,75m groß) war eigentlich Everton-Fan, unterschrieb aber als Jugendlicher bei den Reds. 1993 debütierte er im Ligapokal gegen Fulham, im Rückspiel schoss er fünf Tore. Schon in seinem fünften Ligaspiel schaffte er einen Hattrick. Unter dem neuen Team-Manager Roy Evans startete Fowler richtig durch, wurde 1995 und 1996 „Young Player of the Year“. In der Saison 1994/95 schaffte er gegen Arsenal den bis dahin schnellsten Hattrick (vier Minuten und 33 Sekunden) – ein Rekord, der zwanzig Jahre hielt.

Bis zum Ende der neunziger Jahre galt Fowler in England als der sicherste Torgarant, er schoss in seinen ersten drei Spielzeiten jeweils mehr als dreißig Tore. Zuerst an der Seite von Stan Collymore, dann zusammen mit Steve McManaman sorgte er dafür, dass der FC Liverpool in den neunziger Jahren eine der stärksten Offensiven aller europäischen Klubs hatte.

Steve McManaman (geboren 1972) gilt als einer der talentiertesten Spieler seiner Generation in England. Im Unterschied zu anderen sammelte er aber auch im Ausland große Erfolge.

Auch McManaman war eigentlich Everton-Fan gewesen, kam aber als 16-jähriger an die Anfield Road. Er debütierte im Dezember 1990, aber erst unter Roy Evans blühte er ab 1994 in seiner Rolle als Mittelstürmer richtig auf. Er konnte auf der rechten und linken Seite spielen, war auch hinter den beiden Sturmspitzen stark mit vielen Assists. Von 1996 bis 1998 wurde er häufig zum „Man of the Match“ gewählt. Liverpools Gegner wussten, wenn sie eine Chance gegen die Reds haben wollten, mussten sie Steve McManaman ausschalten. 1999 wechselte er zu Real Madrid, seine Karriere beendete er bei Manchester City.

Jamie Redknapp (geboren 1973) hatte seine Karriere bei den Tottenham Hotspurs und dem AFC Bournemouth begonnen, bevor er als technisch versierter und kreativer Mittelfeldspieler sowie exzellenter Freistoßschütze 1991 das Liverpooler Team verstärkte. Er war der jüngste Spieler, den die Reds bis dahin im Europacup einsetzten. Unter Souness war er meist nur Ersatz, bevor es dann in der Saison 1993/94 zu einem Stammplatz reichte.

Redknapp gehörte zu jenen jungen Spielern der neuen Premier League, die gnadenlos vermarktet wurden. Auch sein Poster hing in vielen Kinderzimmern, er war in vielen Werbespots zu sehen. Fußballspieler waren die neuen Rock-Stars. Gerade Redknapp musste dafür auch viel Kritik und Spott einstecken. Trotzdem hatte er auch sportlichen Erfolg, wurde in der Saison 1999/2000 Kapitän der Mannschaft. 2002 ging er nach Tottenham.

Der neue Team-Manager Roy Evans war wieder ein Liverpooler Eigengewächs. Schon in den 70ern hatte er unter Bill Shankly seine Arbeit als Coach begonnen. Als er 1994 das Team von Souness übernahm, war kein Titel in Sicht. Die Mannschaft war verunsichert, viele Neuverpflichtungen hatten das Team nicht verstärken können.

In der Saison 1994/95 zeigte das Team Fortschritte, für die Abwehr holte Evans John Scales und Phil Babb, ältere Spieler wie Ian Rush harmonierten gut mit den Jungen, die unter Evans zu Stammspielern wurden. In der Liga reichte es für einen vierten Platz, durch zwei McManaman-Tore gegen die Bolton Wanderers wurde der Ligapokal zum fünften Mal gewonnen – ein Rekord.

Evans holte zur folgenden Saison Stürmer Stan Collymore von Nottingham Forest. Nicht wenige Experten sahen nun in den Reds einen Meisterschaftsfavoriten. Aber es waren dann doch ManU und Newcastle, die den Titel unter sich ausmachten. Für die Reds reichte es nur für den dritten Platz. Auch das FA-Cup-Finale verlor Liverpool gegen Manchester durch ein spätes Cantona-Tor.

In der Saison 1996/97 kam Evans seinem ersten Titel näher. Zu Weihnachten lag Liverpool an der Spitze der Tabelle. Evans holte den Tschechen Patrik Berger fürs Mittelfeld. Für Furore sorgte auch Michael Owen. Aber Liverpool konnte die gute Form nicht halten, fand sich am Ende nur auf dem vierten Platz wieder. Im Europapokal gab es im Halbfinale das Aus gegen Paris St. Germain. In den Medien gab es heftige Kritik an Liverpools Team, vor allem an den jungen Stars, denen Dinge wie schnelle Autos und schicke Frisuren angeblich wichtiger waren als die Disziplin auf dem Platz.

Da war Michael Owen ein anderer Typ. Er wurde 1979 geboren, sein Vater war Fußballprofi und führte Michael schon früh an den Sport heran. Bereits als Zehnjähriger schoss er für sein U11-Team 97 Tore in einer Saison, womit er den Rekord von Ian Rush im gleichen Team um 25 Tore verbesserte. Mit 12 kam

Owen nach Liverpool und brach weiterhin Torrekorde für seine Altersklassen. An seinem 17. Geburtstag unterzeichnete er einen Profivertrag mit den Reds. Wer ihn damals spielen sah, war überrascht, einen derart weit entwickelten Spieler zu sehen. Jeder traute ihm einen Einsatz in der Premier League zu.

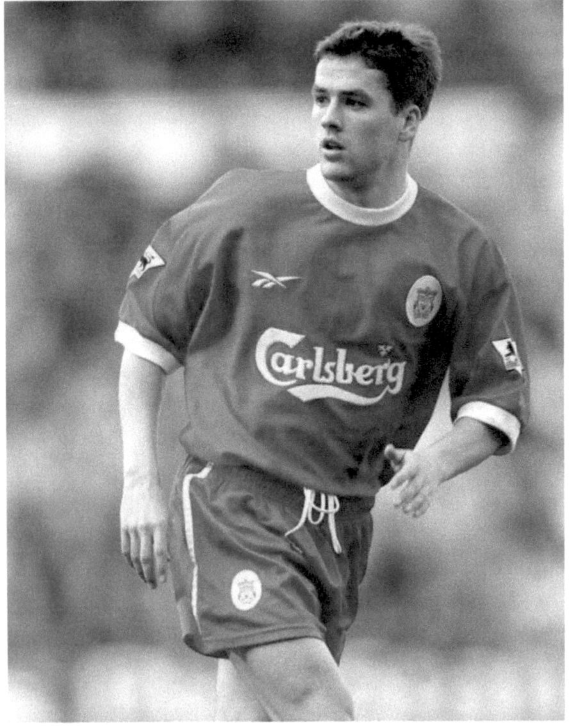

Michael Owen

Collymore verließ die Reds zum Ende der Saison 1996/97. Roy Evans hatte noch nicht genug Vertrauen in Michael Owen, zog dafür Paul Ince nach vorne. Für zwei Jahre kam die deutsche Sturmlegende Karlheinz Riedle an die Anfield Road, er saß aber oft auf der Bank und stand bald im Schatten von Michael Owen.

Robbie Fowler war in der Saison 1997/98 lange verletzt, was mit ein Grund dafür war, dass der Titelfavorit Liverpool am Ende wieder das Nachsehen hatte. Mit dreizehn Punkten Rückstand auf Meister Arsenal wurden die Reds Dritte. Da half es auch nichts, dass Michael Owen sich ins erste Team spielte und auch das Vertrauen von Roy Evans gewann. Owen unterschrieb während der Saison einen Fünf-Jahres-Vertrag.

Für die Saison 1998/99 stellte die Vereinsführung dem Team-Manager Evans den Franzosen Gérard Houllier an die Seite. Houllier hatte in Frankreich Vereine und die Junioren-Nationalteams trainiert. Die Zusammenarbeit mit Evans klappte nicht gut, nach dem Ausscheiden aus dem UEFA-Pokal und der Ligacup-Niederlage gegen Tottenham trat Evans zurück. Das hatte erstmal keinen positiven Effekt, und am Ende stand in der Premier League nur ein 7. Platz für die Reds.

In der Saison 1999/2000 begann Houllier damit, das Team umzubauen und seine Fußball-Philosophie in die Tat umzusetzen. Er setzte zum Beispiel mehr Disziplin im Team durch, er holte neue Spieler.

Emile Heskey kam für eine Rekord-Ablöse von Leicester City. Er schlug erst in der Saison 2000/01 richtig ein, als er 22 Tore für die Reds erzielen konnte, und blieb bis 2004 an der Anfield Road.

Nicht nur in der Spieltaktik war die französische Handschrift des neuen Team-Managers zu spüren, Houllier holte auch einige Spieler vom Kontinent. Es kam der Finne Sami Hyypiä, der schon als Kind Liverpool-Anhänger gewesen war. Er war wenig bekannt, die Erwartungen an ihn gering. Aber gemeinsam mit der Schweizer Neuverpflichtung Stéphane Henchoz festigte er die Abwehr der Reds. Bald wurde Hyypiä Kapitän der Mannschaft. Er blieb zehn Jahre an der Anfield Road, bevor er seine Karriere in Leverkusen ausklingen ließ.

Aus Newcastle holte Houllier den früheren Bayern-Profi Dietmar Hamann. Er prägte für sieben Jahre Liverpools Mittelfeld.

Vorerst zahlten sich die neuen Spieler nicht aus. Die Saison 1999/2000 beendete Liverpool nur auf dem vierten Platz der Premier League, und in den Cup-Wettbewerben schieden die Reds früh aus.

Die folgende Saison brachte die Wende zum Guten und endete im Triumph. Die Reds gewannen zuerst den Ligacup im Elfmeterschießen gegen Birmingham

City. Gegen Arsenal gewannen die Reds den FA Cup, durch zwei Tore von Michael Owen in den letzten zehn Minuten. Im UEFA-Cup-Finale trafen die Reds auf das spanische Team aus Alavés. Zuletzt hatte Tottenham 1984 den Pokal auf die Insel geholt. Jetzt gewannen die Liverpooler dank eines Golden Goals mit 1:0 gegen die Spanier. 2002 wurde das Golden Goal dann wieder abgeschafft.

Mit 17 Toren war es Robbie Fowlers beste Saison. Aber auch Houlliers Neuverpflichtungen hatten sich ausgezahlt. Aus Deutschland kamen Christian Ziege und Markus Babbel dazu. Durch den dritten Platz in der Premier League konnte sich Liverpool erstmals wieder seit der Katastrophe vom Heysel-Stadion für den Landesmeisterpokal (jetzt Champions League) qualifizieren.

Trotz seiner Erfolge begann Robbie Fowlers Stern zu sinken, da Houllier das Sturmduo Michael Owen/ Emile Heskey bevorzugte. Vorfälle schlechten Benehmens häuften sich. Zu Beginn der Saison 2001/02 hatte Fowler eine heftige Auseinandersetzung mit dem Assistenten Phil Thompson. Für das 2001 Charity-Shield-Match wurde er deswegen nicht berücksichtigt. Er spielte nur noch ab und zu, sein Verhältnis zu Houllier wurde immer schlechter, so dass er 2001 nach Leeds wechselte.

Liverpools Comeback in der Champions League endete im Viertelfinale gegen Bayer Leverkusen. Im

Ligapokal und im FA Cup schieden die Reds in der Saison 2001/02 früh aus. In der Liga lief es deutlich besser, allerdings überschatteten die Herzprobleme des Team-Managers die Saison.

Houllier wurde im Oktober während des Spiel gegen Leeds in der zweiten Hälfte schwer krank und musste im Krankenhaus am Herzen notoperiert werden. Für den Rest der Saison stand Phil Thompson an seiner Seite. Zusammen sicherten sie dem FC Liverpool einen zweiten Platz, sieben Punkte hinter Arsenal.

Für die Saison 2002/03 wurden Salif Diao, Bruno Cheyrou und El-HadjiDiouf verpflichtet. Sie konnten die Erwartungen aber nicht erfüllen. Hinzu kam die Pleite, dass Nicolas Anelka, der auf Leihbasis an der Anfield Road aufgelaufen war, nicht dauerhaft verpflichtet werden konnte und stattdessen zu Manchester City ging. Das alles wurde dem Team-Manager Houllier angekreidet. Die Reds blieben zwar in den ersten zwölf Spielen ungeschlagen, aber am Ende war es dann trotzdem nur der fünfte Platz. Der Gewinn des Ligapokals tröstete ein wenig darüber hinweg.

Die Kritik an Houllier wurde immer lauter. Die Fans mochten ihn nicht, kritisierten seine Taktik, fanden die Spielweise der Mannschaft unattraktiv. In der Saison 2003/04 reichte ein vierter Platz in der Liga zwar für die Qualifikation für die Champions League. Aber in den Pokalwettbewerben waren die Reds früh ausgeschieden. Im Mai 2004 musste Houllier die Anfield Road verlassen, für ihn kam Rafael Benítez.

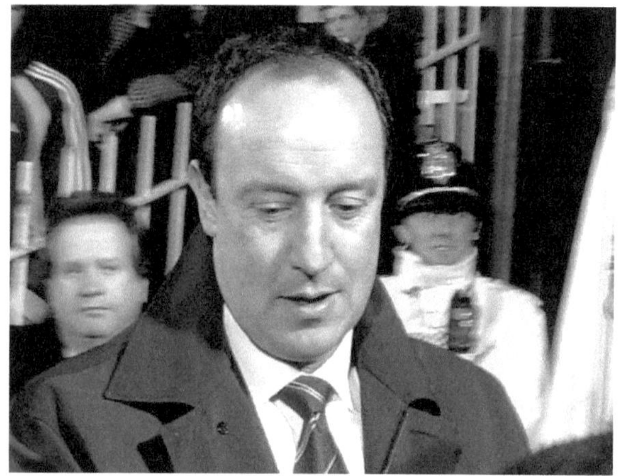

Rafael Benítez

Der Spanier Benítez hatte als Trainer der Jugendmannschaft von Real Madrid und anderer Mannschaften in der spanischen Liga Erfahrungen gesammelt. Seine zwei Titel mit Valencia und der Gewinn des UEFA-Cups empfahlen ihn für einen Karrieresprung auf die britische Insel.

Unter Benítez gab es in der Saison 2004/05 aber nur einen fünften Platz in der Liga. Das FA-Cup-Finale gegen Chelsea ging 2:3 verloren. Die Saison retten konnte nur noch der Gewinn der Champions League. Es wurde ein Finale, von dem alles noch lange sprach. Zur Halbzeit lagen die Reds gegen den AC Mailand 0:3 zurück. Steven Gerrard (54.), Vladimír Šmicer (56.) und Xabi Alonso (60.) sorgten innerhalb von nur sechs Minuten für den Ausgleich. Liverpools Dudek hielt im Elfmeterschießen zweimal (gegen Pirlo und Schewtschenko) und sicherte den Reds damit die Trophäe. Als "Dudek Dance" berühmt wurde seine Taktik, die Elferschützen des Gegners durch hüpfen auf der Torlinie zu verwirren.

Benítez krempelte das Team völlig um und versuchte wie schon Houllier, dem Team seinen eigenen Stil aufzuzwingen. Wer waren die prägenden Spieler dieser Jahre?

Der Pole Jerzy Dudek war sechs Jahre Torhüter der Reds (von 2001 bis 2007, als er zu Real Madrid wechselte). Die erste Zeit war schiwerig für ihn, er machte viele leichte Fehler, saß deshalb auch auf der Bank. Spätestens das Champions-League-Finale gegen AC Mailand machte ihn zum Helden. Nicht nur, dass er zwei Elfmeter gehalten hatte, in den letzten Minuten hatte er auch zwei gefährliche Schüsse von Andrei Schewtschenko aus nächster Distanz pariert.

Der Baske Xabi Alonso kam 2004 an die Anfield Road. Alsonso belebte das Spiel der Reds, schoss auch wichtige Tore. Ein wirklich außergewöhnliches Tor gelang ihm gegen Newcastle United, als er aus 55 Metern Entfernung ins Netz traf. 2009 ging Alonso zu Real Madrid, da er mit Benítez nicht mehr klar kam.

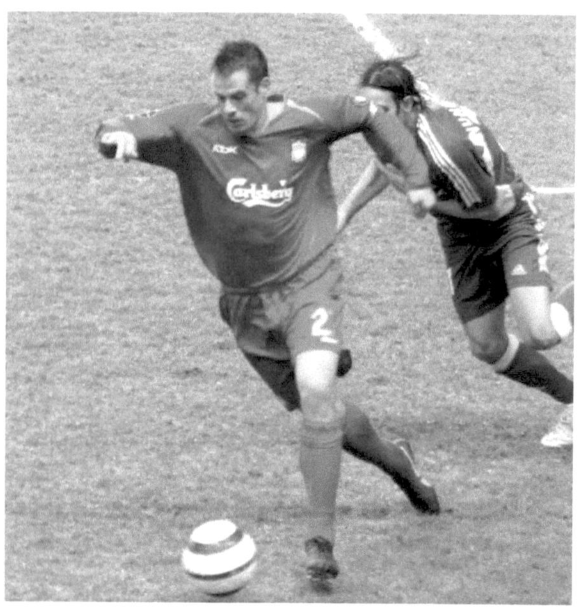

Jamie Carragher

Jamie Carragher (geboren 1978) kam aus der Jugend-abteilung der Reds. Gemeinsam mit Michael Owen hatte der den FA Youth Cup gewonnen. 1997 debütierte er bei den Profis, spielte in wechselnden

Positionen in der Abwehr und im defensiven Mittelfeld. Ausehen erregte er, als er eine Münze, die aufs Feld geworfen worden war, in die Zuschauermenge zurückfeuerte. Dafür erhielt er Rot und eine Sperre. Unter Benítez hatte Carragher seine beste Zeit, meist an der Seite von Hyypiä. 2005 erhielt er den Ehrentitel "Liverpools Spieler des Jahres".

Djibril Cissé kam 2004 für eine Ablösesumme von 20 Millionen Pfund vom AJ Auxerre. Der Franzose blieb drei Jahre an der Anfield Road, in Erinnerung bleibt sein furchtbarer Schien- und Wadenbeinbruch im Oktober 2004 im Spiel gegen die Blackburn Rovers. Die Verletzung hätte sein Karriereaus bedeuten können, er erholte sich aber.

Steven Gerrard spielte schon in seiner Kindheit für den FC Liverpool, insgesamt war der Mittelfeldspieler 26 Jahre an der Anfield Road aktiv. Dass er von 2003 bis 2015 Mannschaftskapitän war, unterstreicht seine Bedeutung für den Klub.

Für die Profis debütierte Gerrard im November 1998. verbissen im Zweikampf, eroberte er viele Bälle im Zweikampf und leitete danach Offensivaktionen ein. Zundehmend lief er Jamie Redknapp im Mittelfeld den Rang ab. Im Jahr 2004 wäre Gerrard beinahe zum FC Chelsea gewechselt, die Verhandlungen scheiterten jedoch. Der neue Team-Manager Benítez konnte Gerrard von seinem sportlichen Konzept überzeugen. 2005 wurde Gerrard zum UEFA-Klubfußballer des Jahres gewählt.

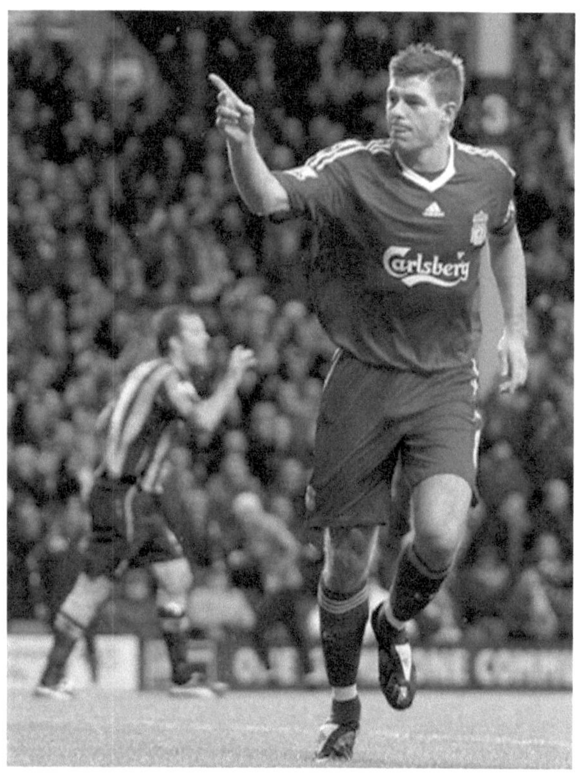

Steven Gerrard

2004 wechselte Michael Owen zu Real Madrid. Das war natürlich ein herber Verlust für die Reds. Aber Owen wollte immer auch in der Champions League spielen, das konnte ihm Liverpool nicht garantieren. Auch beklagte er sich über fehlende Unterstützung durch seine Mitspieler. Seit 1998 war Owen in jeder Saison der Top-Scorer der Reds gewesen. Er hielt nur ein Jahr in Madrid durch und wechselte dann nach Newcastle.

2005 holte Benítez Mohamed Sissoko aus Valencia. Im Februar 2006 wurde er in einem Champions-League-Spiel durch einen Tritt unabsichtlich schwer am Auge verletzt, verlor jedoch nicht wie befürchtet seine Sehkraft. Mit dem kampfstarken Sissoko im Mittelfeld hatte Steven Gerrard mehr Möglichkeiten in der Offensive. Im FA-Cup-Endpsiel rettete Gerrard die Reds mit einem spektakulären Weitschusstreffer in die Verlängerung gegen West Ham United. Im Elfmeterschießen gewannen die Reds den Cup. In der Premier League landete man auf Platz 2, wodurch man wieder für die Champions League spielberechtigt war.

In der Saison 2006/07 war es dann auch nur die euroäische Meisterklasse, in der die Reds Chancen auf einen Titel hatten. In der Premier League war man nur Dritter geworden, 21 Punkte hinter Meister Manchester United. Im FA Cup und im League Cup kam das Aus gegen Arsenal. In der Champions League tat man sich in der ersten Runde sehr schwer mit Maccabi Haifa, erreichte aber die Gruppe C mit Bordeaux, PSV Eindhoven und Galatasaray Istanbul. Mit vier Siegen wurden die Reds Gruppensieger, dann traf man auf eine ganz harte Nuss. Es wartete der Titelverteidiger FC Barcelona. Craig Bellamy und John Arne Riise, die kurz zuvor im Training noch in einen heftigen Streit geraten waren, schossen die Reds zum 2:1-Auswärtssieg. Barca konnte zwar an der Anfield Road mit 1:0 gewinnen, aber das reichte für die Katalanen nicht.

Im Viertelfinale machte man schon auswärts beim PSV Eindhoven mit einem 3:0 alles klar. Sehr viel schwieriger war dann schon das Halbfinale gegen Ligakonkurrent Chelsea. Im Rückspiel musste das Elfmeterschießen entscheiden, mit einem 4:1 zog Liverpool ins Finale ein. Hier wartete in Liverpools siebten Finale der AC Mailand.

Mit 31 Jahren und 34 Tagen Durchschnittsalter war Milans Team das älteste, das jemals ein Champions-League-Finale spielte. Paolo Maldini war fast 39 Jahre alt. Die Reds boten nur einen rchtigen Stürmer auf: Dirk Kuyt. Knapp hinter ihm spielte Steven Gerrard.

Kuyt war erst zu Beginn der Saison aus Holland gekommen, hatte aber schnell Erfolg und war auch bei den Fans sehr beliebt, weil er nach jedem Spiel zu den Anhängern ging und ihnen applaudierte. Im Finale aber machte Milan den ersten Zug. Kurz vor der Pause fand ein Freistoß von Andrea Pirlo seinen Weg ins Liverpooler Tor. Die Reds attackierten in der zweiten

Hälfte, aber ein Tor von Inzhagi brachte in der 82. Minute die Entscheidung. Dirk Kuyt gelang nur noch der Ehrentreffer.

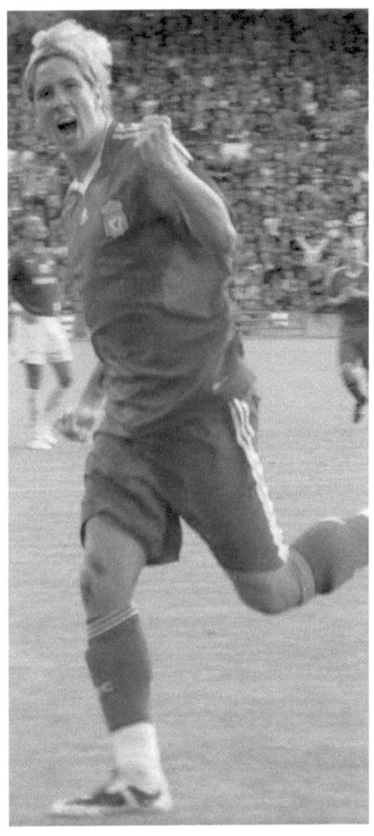

Fernando Torres

Im Sommer 2007 holte Benítez wieder einen Landsmann an die Anfield Road und bewies dabei ein glückliches Händchen. Fernando Torres kam für eine Rekord-Ablöse von 24 Millionen Pfund. 1984 geboren, hatte Torres von 2001 bis 2007 bei Atlético Madrid geglänzt. Gleich in seinem ersten Spiel an der Anfield Road traf er. Zum ersten Mal seit Jack Balmer 1946 gelangen Torres zwei Hattrocks in aufeinanderfolgenden Heimspielen. Er war der erste Liverpooler Spieler seit Robbie Fowler 1995/96, der in einer Liga-Saison mehr als zwanzig Tore erzielte. Torres war in seiner ersten Saison so erfolgreich, dass es bald Gerüchte gab, der FC Chelsea wolle ihn für 50 Millionen Pfund kaufen. Aber Torres blieb an der Anfield Road.

2007 kam ein weiterer Stürmer nach Liverpool: Ryan Babel von Ajax Amsterdam. Er war unglaublich schnell am Ball und damit ein Albtraum für viele Gegner. Zeitgleich mit Babel kam Yossi Benayoun. In seiner ersten Saison für die Reds kam er auf 11 Tore in 48 Spielen. Der große Durchbruch gelang ihm aber nie.

In der Saison 2007/08 spielte Liverpool in der Liga wieder oben mit, am Ende war es ein vierter Platz. Im Halbfinale der Champions League wartete wie im Vorjahr der FC Chelsea, der aber diesmal das bessere Team war. Im Sommer 2008 verließ Stürmer Peter Crouch die Anfield Road in Richtung Portsmouth.

In der Saison 2008/09 führten die Reds im Dezember die Liga-Tabelle mit drei Punkten Vorsprung an, konnten die gute Form aber nicht halten. In der Champions League scheiterte Liverpool schon wieder am FC Chelsea, diesmal im Viertelfinale, nachdem man vorher noch Real Madrid ausgeschaltet hatte.

Die folgende Saison lief noch deutlich schlechter für die Reds, so dass Teammanager Benítez unter Druck geriet. Torgarant Steven Gerrard schwächelte wegen Verletzungssorgen, ihm fehlten auch die Pässe von Xabi Alonso, der Liverpool verlassen hatte. Auch Fernando Torres konnte aufgrund von Verletzungen sein Team nicht wie gewohnt unterstützen. Am Ende reichte es nur für einen siebten Platz in der Premier League. Benítez musste gehen.

Der neue Team-Manager Roy Hodgson kam vom FC Fulham. Er hatte vorher eine Vielzahlk von europäischen Vereinen und auch Nationalteams wie Finnland gecoacht. Auch Stürmerlegende Kenny Dalglish hatte sich für den Job beworben, aber Liverpools Führung traute ihm die Aufgabe wohl nicht zu.

Die Liverpool-Anhänger waren von Beginn an skeptisch, ob Hodgson der Aufgabe gewachsen war, einen Spitzenklub mit seinen Stars erfolgreich zu betreuen. Er baute das Team um, holte zum Beispiel Joe Cole und Milan Jovanovic. Auf Cole ruhten große Hoffnungen. Gerrard hatte ihn wegen seiner technischen

Fähigkeiten sogar mit Lionel Messi verglichen. Aber Cole lebte sich an der Anfield Road nie richtig ein und wurde schon nach einem Jahr nach Frankreich ausgeliehen. Auch die Verpflichtung von Jovanovic war ein totaler Flop, bald saß er noch nicht einmal mehr auf der Bank.

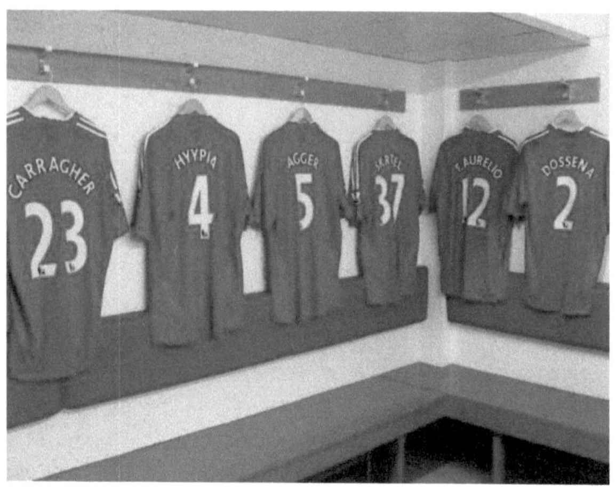

In Liverpools Umkleidekabine 2009

Zwar hielt sich Hodgson für einen der besten Trainer Europas, aber die Ergebnisse auf dem Platz waren für Liverpool erschreckend. Im Ligapokal gab es ein frühes Aus gegen das unterklassige Northhampton Town. In der Liga hagelte es Niederlagen, so dass Hodgson schon im Herbst als Entlassungskandidat gehandelt wurde. Im Januar 2011 trennten sich Hodgson und der Verein im gegenseitigen Einvernehmen.

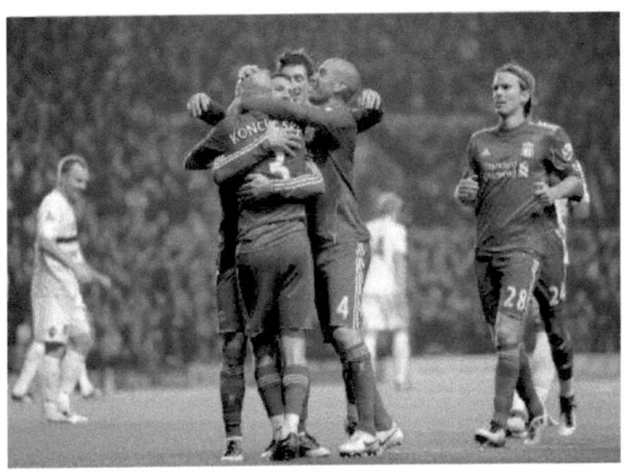

Die Reds besiegen 2010 West Ham United

Als neuer Team-Manager kam nun doch Kenny Dalglish zum Zuge. Er hatte seit seinem Weggang aus Liverpool 1991 einige Vereine trainiert, aber lange pausiert, bevor er 2009 zur Jugendakademie des FC Liverpool kam. Noch war Dalglish als Nachfolger von Hodgson nur Übergangstrainer, aber trotz anfänglicher Misserfolge bekannte er schnell, den Posten des Team-Managers gerne dauerhaft übernehmen zu wollen. Spätestens mit dem Sieg beim FC Chelsea im Februar 2011 hatte Dalglish sein Können unter Beweis gestellt und er erhielt einen längerfristigen Vertrag.

Wieder wurde das Team umgebaut. Fernando Torres betonte zwar seine Liebe zum FC Liverpool, aber als der FC Chelsea die Rekord-Ablösesumme von 50 Millionen Pfund anbot, wurde Liverpool doch schwach. Torres verließ die Anfield Road im Januar 2011 als einer der teuersten Spieler der Welt.

Dalglish holte Stürmer Andy Carroll von Newcastle (mit 35 Millionen Pfund eine Rekord-Anlöse für die Reds) und Luis Suárez von Ajax Amsterdam. Suárez lebte sich schnell ein und sicherten dem FC Liverpool nach schwachem Saisonstart den sechsten Platz in der Premier League. Im Oktober 2011 geriet Suárez in die Schlagzeilen, als ihm vorgeworfen wurde, Manchester Uniteds Patrice Evra rassistisch beleidigt zu haben. Suárez bestritt die Beleidigungen, wurde aber teotzdem für acht Spiele gesperrt. Später wurde er für ein Spiel gesperrt, nachdem er Fulham-Fans mit einer obszönen Geste beleidigt hatte. Im April 2013 wurde Suárez dafür bestraft, einen gegnerischen Spieler gebissen zu haben (bereits das zweite Mal, dass ihm das passierte).

Sportlich war Suárez für die Reds ein absoluter Gewinn, er galt als einer von Europas besten Spielern. Allerdings gab es auch immer wieder Auseinandersetzungen mit seinem Verein und mit den Medien. 2014 ging er schließlich zum FC Barcelona.

Im Februar 2012 führte Kenny Dalglish den FC Liverpool mit dem Gewinn des Ligapokals zum ersten Titel seit sechs Jahren. Im FA Cup scheiterte man erst im Finale am FC Chelsea. Aber in der Premier League war man so schlecht wie zuletzt 1994 und erreichte nur den achten Platz. Zum Saisonende musste Dalglish gehen, kehrte aber später als Mitglied des Vorstandes an die Anfield Road zurück.

Neuer Team-Manager wurde Brendan Rodgers. Er war erst 39 Jahre alt und hatte vor Liverpool keine großen Vereine trainiert. Im Ligapokal schieden die Reds gegen Rodgers' früheren Klub Swansea aus. Auch im FA Cup gab es ein überraschendes Aus gegen Oldham Athletic. In der Premier League reichte es nur für den 7. Platz, ein Platz besser als im Vorjahr.

Erst in der Saison 2013/14 begann sich die Arbeit des neuen Team-Managers auszuzahlen. Endlich spielte der FC Liverpool wieder um den Titel mit. Im März gewannen die Reds alle fünf Spiele des Monats und marschierten an die Spitze der Tabelle. Drei Spieltage vor Saisonende lagen die Reds nach elf Siegen in Folge auf dem 1. Platz, mit fünf Punkten Vorsprung auf die Verfolger. Aber erst setzte es eine Heimniederlage gegen Chelsea, dann kam ein enttäuschendes 3:3 bei Crystal Palace, nachdem die Reds dort elf Minuten vor Schluss noch 3:0 geführt hatten. Am Ende war es Manchester City, das sich den Titel holte. Liverpool landete auf dem zweiten Platz. Die Reds hatten in der

Liga 101 Tore erzielt, so viel wie noch nie seit der Saison 1895/96. Trotzdem überwog die Enttäuschung.

Liverpool konnte nun wieder in der Champions League antreten, schied aber schon in der Gruppenphase nsch einem Unentschieden gegen Basel im entscheidenden Spiel aus. In der Europa League scheiterte man schnell an Besiktas Istanbul. Auch in der Premier League lief es wieder schlechter, nach einer 1:6-Niederlage gegen Stoke City im letzten Spiel der Saison reichte es nur für den sechsten Platz.

Damit war die Position von Brendan Rodgers zu Beginn der Saison 2015/16 schon geschwächt, nach einem schwachen Start in die Saison wurde er im Oktober gefeuert. Nach dem Weggang von Suárez und Gerrard (nach über 500 Spielen für die Reds) lag vor dem neuen Team-Manager eine große Aufgabe. Wer würde diese Herausforderung annehmen?

MIT JÜRGEN KLOPP KEHRT DER ERFOLG AN DIE ANFIELD ROAD ZURÜCK

Am 8. Oktober 2015 begann beim FC Liverpool eine neue Ära, als der Verein die Verpflichtung des Deutschen Jürgen Klopp verkündete. Klopp blickte auf eine Karriere als guter Spieler zurück, der aber sicherlich nicht zu den Besten im deutschen Fußball gehörte. Seit 1990 spielte er über zehn Jahre für den FSV Mainz, hatte maßgeblichen Anteil daran, dass der Verein nie in die 3. Liga abstieg.

Sofort nach Ende seiner Spielerlaufbahn wechselte er auf die Mainzer Trainerbank und führte den Verein 2004 in die erste Bundesliga, wo sich Mainz trotz eines Abstiegs langfristig etablieren konnte. 2008 ging Klopp nach Dortmund und machte den BVB wieder zu einem Spitzenverein, der unter ihm zweimal den deutschen Titel holen konnte.

Als Klopp den FC Liverpool übernahm, stand der Verein auf Tabellenplatz 10. Der neue Team-Manager ging seine Arbeit selbstbewusst an und verkündete, innerhalb von vier Jahren wieder Titel für den FC Liverpool holen zu wollen.

Das erste Spiel unter dem neuen Team-Manager war ein 0:0 bei Tottenham. Nach zwei weiteren Unentschieden, zum Beispiel in der Europa League gegen Rubin Kazan, gab es am 28. Oktober den ersten Sieg für Klopp im Ligapokal gegen den AFC Bournemouth. Drei Tage später gelang ihm der erste Liga-Sieg, ein 3:1 gegen den FC Chelsea. Am 22. November schossen die Reds Manchester City mit 4:1 von dessen Platz. City revanchierte sich aber im Ligapokal-Finale mit einem 3:1 im Elfmeterschießen.

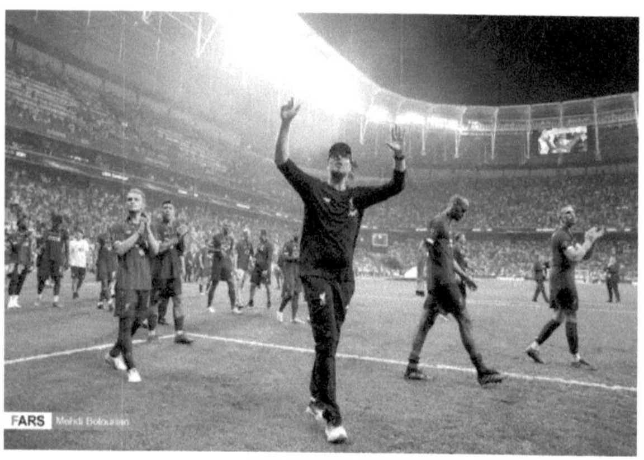

Jürgen Klopp nach dem UEFA-Supercupspiel gegen Chelsea 2019

Am 14. April empfingen die Reds Klopps alten Verein Borussia Dortmund an der Anfield Road. Das Hinspiel im Viertelfinale der Europa-League hatte mit einem 1:1 geendet. Das Rückspiel begann für die Reds denkbar schlecht, schon nach neun Minuten lagen sie 0:2 zurück. Marco Reus schoss in der 57. Minute das 3:1. Drei Tore musste Liverpool jetzt noch schießen, um das Ausscheiden zu verhindern, und es gelang ihnen tatsächlich. In der Nachspielzeit gelang das 4:3 durch einen Kopfball von Dejan Lovren.

Fast hätte Jürgen Klopp nicht die verkündeten vier Jahre benötigt, um aseinem neuen Klub den ersten Titel zu sichern. Die Reds standen im Finle des Ligapokals und der Europa-League. Wie gesagt, im Ligapokal scheiterte man an Manchester City, in der Europa League gingen die Reds gegen Cup-Verteidiger FC Sevilla in der 35. Minute durch Daniel Sturridge in Führung. Aber gleich nach der Halbzeitpause setzte es das 1:1, später folgten zwei Tore durch Sevillas Coke, so dass die Spanier den Platz als Sieger verließen.

In der Premier League zeigte der Trend für Liverpool unter Klopp noch nicht nach oben. Am Ende der Saison 2015/16 war es nur der achte Platz, also der gleiche wie zu Beginn von Klopps Arbeit an der Anfield Road. Die neue Saison startete mit einem 4:3 bei Arsenal furios, aber das folgende 0:2 bei Burnley zeigte Klopp, dass noch viel Arbeit vor ihm lag. Dass Liverpools Vereinsbosse ihm einen Erfolg zutrauten zeigte sich schon darin, dass Klopp im Juli 2016 seinen Drei-Jahresvertrag mit den Reds bis zum Jahr 2022 verlängerte. Im Oktober 2016 wurde Klopp in der Premier League zum Trainer des Monats gewählt – als erster Deutscher!

Vom Gewinn der Meisterschaft war der FC Liverpool aber noch weit entfernt. Wenigstens sicherte ein 3:0

gegen das bereits als Absteiger feststehende Team von Middlesbrough den vierten Platz und damit die Qualifikation für die Champions League.

In der Saison 2017/18 machten die Reds in der Premier League keine Fortschritte. Zum Saisonende ging es wieder darum, den so wichtigen vierten Platz zu sichern, diesmal im Kampf mit dem FC Chelsea. Mit einem 4:0 gegen Brighton & Hove Albion im letzten Saisonspiel machten die Reds den Sack zu. Mohamed Salah erzielte sein 32. Tor in der Premier-League-Saison – ein neuer Rekord!

In der Champions League zog Liverpool zum achten Mal in seiner Geschichte in das Finale ein, das erste seit dem Jahr 2007. Die Reds hatten vorher Macnhester City rausgeworfen, im Halbfinale dann den AS Rom. Im Finale wartete aber ein besonders harter Brocken, der Cupverteidiger Real Madrid.

“Man of the match” wurde der Waliser Gareth Bale, der 2013 von Tottenham zu Real gewechselt war. Liverpool suchte zwar früh die Offensive, aber konnte den frühen Ausfall von Mohamed Salah, der sich die Schulter auskugelte, nicht verkraften. Auch die Leistung von Liverpools Torhüter Loris Karius sorgte für Aufsehen. Karius war bis zum Finale in sechs Spielen ohne Gegentor geblieben. Im Spiel gegen Real traf ihn Sergio Ramos mit dem Ellenbogen, so dass Karius sich eine Gehirnerschütterung zuzog. Das erklärt wohl seinen fatalen Fehler, der dem 1:0 von

Benzema vorausging. Sadio Mané schaffte zwar zwischenzeitlich den Audgleich, aber die Einwechslung von Gareth Bale brachte die Enzscheidung. Bale war erst zwei Minuten auf dem Feld, als er zum 2:1 traf. Sein 3:1 in der 83. Minute war wieder Folge eines Karius-Fehlers, dem ein Schuss von Bale durch die Hände rutschte.

Karius wurde im August 2018 an Besiktas Istanbul ausgeliehen und kehrte erst 2020 an die Anfield Road zurück.

Für Jürgen Klopp war das 1:3 gegen Real die sechste Niederlage im siebten großen Finale. Viel Kritik hatte es schon vorher an der schwachen Abwehrleistung vom FC Liverpool gegeben. Also nahm der Verein viel Geld in die Hand und holte im Dezember 2017 mit dem Holländer Virgil van Dijk einen der besten Abwehrspieler der Welt, bekannt vor allem für seine Kopfballstärke. 75 Millionen Pfund hatte Liverpool wohl für van Dijk ausgegeben, so viel war nie zuvor für einen Abwehrspieler bezahlt worden. Er war sein Geld wert und zusammen Dejan Lovren stärkte er Liverpools Abwehr in entscheidendem Maße.

Für 105 Millionen Pfund wurde Philippe Coutinho verkauft, im Sommer 2018 kam neben einigen anderen Spielern auch Xherdan Shaqiri an die Anfield Road. Der Schweizer hatte beim FC Bayern nicht den Durchbruch geschafft und war 2015 zu Stoke City auf die Insel gewechselt. Für Stoke City war er der Top-

Scorer, aber Shaqiri beklagte sich öffentlich über die fehlende Klasse seiner Mitspieler. Schon bei seinem ersten vollen Einsatz für den FC Liverpool am 22. September 2018 wurde er zum "Man of the match" gewählt.

Liverpool gewann in der Saison 2018/19 die ersten sechs Ligaspiele. Um Weihnachten herum führten die Reds mit sechs Punkten Vorsprung die Tabelle an – ungeschlagen! In der Spitze glänzten Mohamed Salah und Sadion Mané, aber Klopps Team war auch durch die Abwehr so stark, sie hatte in 19 Spielen nur sieben Gegentreffer zugelassen. Höhepunkt des guten Laufs war das 5:1 gegen Arsenal am 29. Dezember.

Die erste Saisonniederlage gab es gegen Manchester City, das sich als der härteste Rivale im Titelkampf erweisen sollte. In den folgenden Monaten ließen die Reds immer wieder mal Punkte liegen, während Manchester City Sieg über Sieg einfuhr und sich an der Tabellenspitze mit den Reds abwechselte. City ging mit einem Punkt Vorsprung ins letzte Ligaspiel und zeigte keine Nerven. Durch ein 4:1 gegen Brighton & Hove Albion verwies das Team die Reds auf den zweiten Platz. Das war bitter für Klopps Team, denn es hatte in der ganzen Saison nur ein Ligaspiel verloren (gegen den späteren Meister), hatte die zweite Saison in Folge zuhause nicht verloren und mit 30 Ligasiegen den Vereinsrekord eingestellt.

In der Champions League hatte man den FC Bayern dank eines starken Mané rausgeworfen. Am 1. Mai liefen die Reds im Camp Nou gegen den FC Barcelona auf, wo der Ex-Liverpooler Luis Suárez die Katalanen 1:0 in Führung schoss, bevor Lionel Messi den 3:0-Sieg mit zwei Toren perfekt machte. Ins Rückspiel gingen die Liverpool-Anhänger mit wenig Hoffnung, denn die Reds mussten sich auf das Titelrennen in der Premier League konzentrieren, außerdem fehlten Salah und Firmino wegen Verletzungen. Aber Liverpool ging dank Origi schnell in Führung, in der zweiten Hälfte brachte ein Doppelpack des eingewechselten Wijnaldum innerhalb von 122 Sekunden die Reds zurück ins Titelrennen. Es war wieder Origi, der zehn Minuten vor Schluss das 4:0 perfekt machte und Liverpool die Champions League gewinnen ließ.

Logisch, dass Jürgen Klopp und sein Team in der Saison 2019/20 endlich den ersten Meistertitel in der Premier League seit dreißig Jahren anstrebten. Wieder gewannen die Reds die ersten sechs Spiele der Saison. Der Auswärtssieg gegen Chelsea war der siebte in Folge, ein neuer Vereinsrekord. Das 5:2 gegen Everton im Januar 2020 war das 32. Ligaspiel in Folge, das die Reds nicht verloren. Wieder ein neuer Vereinsrekord! Kein Wunder, dass der Vertrag von Klopp bis 2024 verlängert wurde. Das Sahnehäubchen war der Gewinn der FIFA-Klub-Weltmeisterschaft gegen den brasilianischen Verein Flamengo Rio de Janeiro.

Ende 2019 führte Liverpool die Tabelle mit dreizehn Punkten Vorsprung an. Anfang Februar war der Vorsprung auf 22 Punkte angewachsen, so etwas hatte es in der Geschichte der ersten englischen Liga noch nicht gegeben. Wer oder was wollte die Reds noch stoppen und den Titelgewinn verhindern?

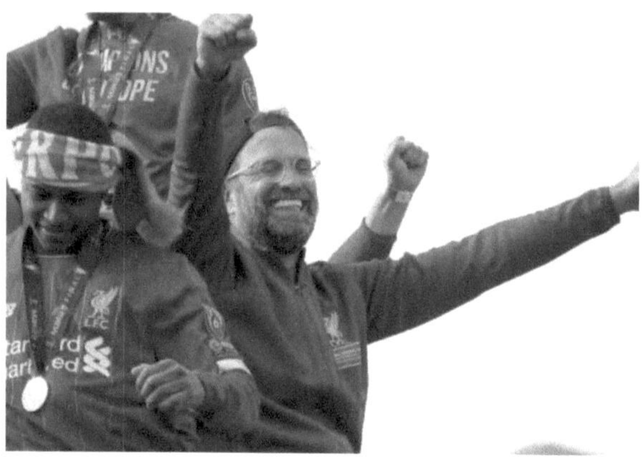

Der FC Liverpool nach dem Champions-League-Triumph

Freitag, der 13. März war für den FC Liverpool ein schwarzer Tag. Alle Spiele der Premier League wurden wegen der Corona-Pandemie bis zum 4. April suspendiert, nachdem schon einige Premier-League-Spieler an Corona erkrankt waren. Es sollte jedoch noch bis zum 21. Juni, bis die Reds wieder spielen konnten.

Der Re-Start war holprig. Gegen Everton gab es ein mageres 0:0, erst das dritte Spiel der Saison, das die Reds nicht gewannen. Vier Tage später besiegte Chelsea Manchester City. Sieben Spieltage vor Schluss war der FC Liverpool nicht mehr einzuholen. Jürgen Klopps Team hatte den Triumph geschafft.

Bildnachweis:

Cover: Wikipedia CC 2.0 / Jay Clark; Wikipedia CC 2.0 / John Cole; Wikipedia CC0 1.0 / Pete; Kevin Walsh / Flickr.com
S. 8: Wikipedia
S. 11: Wikipedia
S. 13: Wikipedia CY 2.0 / Ben Sutherland
S. 18: Wikipedia
S. 23: Wikipedia
S. 28: Wikipedia
S. 31: Wikipedia
S. 34: Wikipedia CC 2.0 / Jay Clark
S. 35: Wikipedia CC BY-SA 3.0 nl / Eric Koch
S. 37: Wikipedia CC0 / Jack de Nijs
S. 47: Kumpai Shiraishi / Flickr.com
S. 51: Wikipedia CC BY-SA 4.0 & GFDL / Phil Nash
S. 57: Sanjiva Persad / Flickr.com
S. 59: Wikipedia CC BY-SA 2.0 / Jim Wall
S. 72: Wikipedia CC BY 4.0 / Croes, Rob C
S. 75: Wikipedia CC BY-SA 2.0 / Nigel Wilson
S. 76: Wikipedia CC BY-SA 2.0 / Helen Bromley
S. 83: Wikipedia CC BY-SA 2.0 / Nigel Wilson
S. 88: Wikipedia CC BY-SA 3.0 / djdannyp
S. 90: Wikipedia CC BY-SA 2.5 / Phillip Chambers
S. 92: Federico / Flickr.com
S. 98: Ben Sutherland / Flickr.com
S. 99: LFCWeekly / Flickr.com
S. 104: Wikipedia CC BY-SA 4.0 / Mehdi Bolourian
S. 110: Wikipedia CC BY-SA 2.0 / Pete